Behavioral Economics
Managers' Irrational Behavior

行为经济学

洞察经济生活中的
非理性行为

王付有 著
Wang Fuyou

中国工人出版社

图书在版编目（CIP）数据

行为经济学：洞察经济生活中的非理性行为 / 王付有著. —北京：中国工人出版社，2019.11
ISBN 978-7-5008-7312-9

Ⅰ.①行… Ⅱ.①王… Ⅲ.①行为经济学 Ⅳ.①F069.9

中国版本图书馆CIP数据核字（2019）第287017号

行为经济学——洞察经济生活中的非理性行为

出 版 人	王娇萍
责任编辑	左 鹏 刘 药
出版发行	中国工人出版社
地　　址	北京市东城区鼓楼外大街45号 邮编：100120
网　　址	http://www.wp-china.com
电　　话	（010）62005043（总编室） （010）62005039（印制管理中心）
发行热线	（010）62005049 （010）62005042（传真）
经　　销	各地书店
印　　刷	北京市密东印刷有限公司
开　　本	660毫米×960毫米 1/16
印　　张	15.5
字　　数	220千字
版　　次	2020年2月第1版 2020年11月第4次印刷
定　　价	58.00元

目　录

序言 >>>

为什么 A 最优，我们却往往选择 B

熟悉老王的人都知道，老王除了做自媒体、写文章、经营公司之外，还有一个特别的爱好，就是做饭。

说到做饭，行家自然就会想到食材。因为一位好的厨师，一定是食材挑选较为严格的人。老王虽不是名厨，但对食材的挑选也是有一套标准的。

一次，和爱人去挑选食材，老王在市场上转了两圈，发现其中两家的食材特别好，但价格不一样。出于理性的决策，老王第一个念头肯定是选择便宜的。当老王走到较便宜的那家摊主面前，仔细观察了一番，心里犯嘀咕总觉得并非理想的食材。于是最终选择了价格较贵的店铺的食材。到家后，爱人问老王，为什么不去买价格便宜的那家呢？看着没区别嘛！

对于爱人的疑问，老王突然意识到，自己的消费行为是在非理性状态下进行的。原因是受经典的“便宜没好货”的假设学说影响。最后老王回想了一下，其实两家质量都一样，应该买便宜的。

在“便宜没好货”的非理性心理的影响下，一些商家开始把进货比较便宜的东西，高价挂出去，很快就卖光了。

老王认识一位朋友，对“便宜没好货”的非理性心理研究得比较透彻。他自己注册了一个商标，把进价6元的产品，贴上自己的商标，通过竞价排名去卖，一下子卖到999元。在短短的3个月时间，收入超过千万元。

你也许会说这是骗人，但人家没有违法。

你也许百思不得其解，这到底是怎么回事呢？为什么会有这么多人愿意竞价购买？老王认为，这其实就是人的非理性心理在作怪。

为了搞清楚这个问题的深层原因，老王花了很长时间专门研究了行为经济学，从行为经济学中找到了这种现象背后的真实原因。

说到行为经济学，你可能一头雾水，其实，行为经济学就是经济学的一个分支，在近几十年里迅速发展起来，其中的许多成果都获得了诺贝尔经济学奖。这说明，在现代社会中，行为经济学已经成为研究人们经济行为的重要依据之一。

行为经济学，实际是作为经济学与心理学的交叉学科而建立的，这样你就非常好理解了。在经济学中，人们很少讨论人的心理对经济行为产生的影响。因为在研究经济模型时，经济学家们总是会以一个理性人的形象代替现实的行为个体，而理性人则是完全理性的，并不存在人类的各种心理问题。但在行为经济学中，则开始重点探讨，那些在心理学中被研究出的理论对人们在经济行为中产生的影响。

其实，我们自己在消费过程中，并非理性，甚至可以说几乎从来没有理性消费过。你可能听过很多人劝你理性消费，但在消费的那一瞬间，你能控制自己急迫的心情吗？

老王在购物时，有时候是因为商品好看就买了，但买回来并不实用；有时候因为赠品好玩儿就买了。过一段时间就当作垃圾扔了。

这些冲动的消费都是非理性的。在这种现象的背后，用行为经济学来解释再好不过了。行为经济学认为，人们在经济行为中，实际上是“非理性”的。造成这种“非理性”的原因，便是那些在心理学中已经颇有名气的各种心理效应。

比如我们明明知道买A更划算，我们却买了B。为什么明明应该选择A能让自己的损失降到最低，可最终选择了B？为什么明明知道A决策才是最正确的，可依旧还会坚持B决策？

关于这个现象背后的原因，在传统经济学中，几乎不会有人去追究，因为理性人的选择永远都是A，所有经济模型都是建立在人们选择了A的基础上。结果就是，人们发现，传统经济学根本无法解释那些正在发生的经济现象，在现实中，人们就是买了B，选了B，作出了B决策。

这背后的原因是大多数人并不理性，不会真的按照传统经济学家设想的那个方向去走。绝大多数并不了解经济学的人们，更多是跟随自己的感觉，跟随非理性的感觉，作出非理性的决策。

于是，行为经济学就是在这个基础上诞生的。当一部分经济学家发现他们无法通过原有的经济学理论去解释一些经济现象时，他们便开始引入心理学，试图通过心理学，去解释那些反常的经济现象。

不过，对我们来说，我们并没有兴趣去解释什么经济现象，也没有那份闲情逸致去操心经济学家们操心的理论问题，我们更关心的则是，“我”为什么在应当作出A选择时，却作出了B选择？这选择与我们的生活息息相关。事后，当我们发现明明A选择才更加正确时，我们便很难不问自己，为什么我们会在那个时候，作出了错误的选择呢？

好在那些会操心经济现象的经济学家们已经作出了足够的研究，帮助我们理解并作出理性的选择，让我们明白了行为经济学的存在和应用。

行为经济学家们告诉我们，应当选择 **A**，却选择了 **B** 的原因；也告诉了我们，如果抛开这个原因，我们更容易作出哪一种选择。所有的选择都需要理论来指导我们，当你真正了解行为经济学后，我们的消费可能会变得理性。

知己知彼方能百战百胜，要在经济行为中成为胜者，最先需要做的便是了解那些实实在在的经济行为。要在经济行为中成为胜者，最先需要做的便是系统地了解经济规律的本身，了解人们在经济行为中会出现的心理效应。只有如此，作为经济大潮中的个体，才能够真正做到如鱼得水，乘风破浪，让自己的财富不会因为非理性的决策而减少。

老王希望行为经济学能帮到更多人，让你从现象背后找到规律和原理，更好地为自己的生活服务！

第一章

什么在影响我们的判断

没有完全理性的经济人

在真正开始接触经济学之前，不如先思考一个问题：我们为什么要学习经济学？

对于一些人而言，他们主动接触经济学的理由很简单，就是为了掌握管理金钱的能力。这种能力包括如何开源节流，如何通过科学理财让自己的生活过得更加得心应手。但事实上，经济学涉猎的范围要比这些内容广泛得多。不如说，对于金钱的管理，只是其中很小的一部分。而如果我们能真正掌握经济学中的大部分理论，那么我们的生活，不仅仅局限于理财方面，而是在各个方面，都会清晰明朗许多。

从人类社会建立以来，经济学就已经存在。当人们面对取舍问题，当人们需要与其他人交换利益……经济学便出现了，并且随着文明的发展，经济学在一次又一次的实践中悄然成长了起来。

就如同我们在走路时不知不觉使用了物理学一样，当我们在生活中做出任何行为时，也在不知不觉地使用着经济学，当我们无意中应用了经济学理论其中某一条或某几条，就会发现一些事情变得很轻松，一些纷杂的状况变得更容易梳理了。

这就是经济学的魅力。

回到前面的问题，为什么要学习经济学？或许每个人对于这个问题的回答角度都有些许不同，但可以确定的是，当一个人真正掌握了经济学，那他在接下来的人生路途中，定然会少走许多弯路。

掌握经济学的第一步，是学会用“理性人”的方式去思考。在任何一本关于经济学理论的著作中，总会假设有那么一个“理性人”。在传统经济学里，理性人的定义是，“系统而有目的地尽最大努力实现其目标的人”。换句话说，这就是一个完全摒弃了人类所有的弱点，只通过理论计算，来获得完美结果的人。

而我们站在讲台前的经济学教授也会用着重的语气告诉教室内的学生，该如何学会从“理性人”的角度分析问题。比如，“理性人”从来不会吃任何垃圾食品，因为当他经过权衡取舍，会意识到垃圾食品带给他身体的伤害远远大于进食那一瞬间的愉悦。当然“理性人”也会早睡早起，从不熬夜，因为晚睡不会带给他任何收益，反而会令他付出惨痛的代价。当然，这只存在于完全冰冷的理论之中。

我们都知道，经济学家里不乏肥胖症患者，更不乏彻夜狂欢的享乐分子。于是有学者提出了“非理性”这一概念。从字面上就能看出，“非理性”是与“理性人”相对的，当“理性人”尽最大努力实现目标时，“非理性”的人的一些行为往往显得不那么努力，甚至有时候还会背道而驰。

但“非理性”与“理性人”并不是互相矛盾的概念，“理性人”是一种理想的经济现象的投射，“非理性”只是在现实的基础上，对“理性人”做出了一定程度的丰富和补充。

行为经济学与传统经济学的关系，更像是实践物理与理论物理之间的关系，尽管理论本身没有任何问题，但在实践中，我们总要考虑许多更贴近现实的状况。

而在行为经济学中，“非理性”是一个我们必须经常留意的概念，它看起来比“理性人”更贴近我们的现实生活。

一个肥胖症患者从“理性人”的角度来看，根本不应该在晚餐时吃鸡腿，但实际上他还是吃掉了，他知道这种行为只会让自己的状况变得更加糟糕，可他没办法忍受对这只鸡腿的渴望，在这种情况下，他做出了完全不理性的行为。

让我们多附加一些条件，假如这位肥胖症患者第二天就要去一个十分艰苦的地方工作，那意味着接下来的许多日子里，他都不可能再吃到美味的鸡腿，甚至不可能吃到任何高热量食品，晚餐的这只鸡腿将是他接下来这几个月里吃到的最后一只了。那么，尽管这只鸡腿对他的健康有百害而无一益，但吃下这只鸡腿对他的意义还是十分重大。

因为现实生活中的人是不可能完全从理性的角度去思考的。人不仅仅有大脑，更有七情六欲。而传统经济学利用前人总结的充满智慧的经济学原理去衡量世间的取舍时，往往忽略了这一点。

一个聪明漂亮的女孩子，放弃了与她门当户对的优秀男青年的追求，选择了与她一同长大家境贫寒的男子作为终身伴侣，这在经济学中是违反常理的，但对她而言，那应该是最好的选择。因为只有在这样的选择里，她的人生才会充满甜蜜，哪怕那甜蜜里包裹着生活的苦涩和舆论的压力，可她却甘之如饴。

所以，当我们开始深入接触行为经济学时，首先要明确一点，那就是生物学中的人，不可能成为传统经济学中的“理性人”。

必须说明的是，在行为经济学中，“非理性”的人的行为也完全符合经济学理论。因为经济学原本就不是一门冷冰冰的学科，尽管它时常强调要我们用“理性人”的角度去分析各种问题，可如果当把“非理性”的部分加进来，就会发现整个分析过程并没有多少不同。

一个肥胖症患者在晚餐吃了一只鸡腿，付出的机会成本远远大于他吃下鸡腿获得的那一瞬间的愉悦。可是如果这个人将“非理性”的部分加入进去来重新计算，他会去衡量这个愉悦本身对自己的分量究竟有多重。吃下鸡腿那一瞬间的幸福，和因吃下鸡腿而升高的血脂，究竟哪一方更加重要？在这种衡量下，大部分人都会觉得，冒着血脂升高的危险而获得吃鸡腿的愉悦，其选择是愚蠢的，但是如果再加上接下来几个月都不会吃到任何他喜爱的食物，那么选择吃掉鸡腿似乎也没有那么难以接受了。

那个拒绝了优秀男青年的女孩子，当加入“非理性”的要素去衡量，在一生一次的真爱与轻松优越的生活，这两者之间进行比较，以失去优越生活这一机会成本，换来爱情的甜蜜，尽管有人会认为这不值得，但也会有很多人认为这是最正确的选择。

当我们强调“非理性”时，并不是说人们很难将经济学应用到行为生活中。恰恰相反，我们是将“非理性”这一要素，加入所有机会成本的计算之中。只是，每一个人的“非理性”的占比和程度都不同，所以，哪怕面对同样一件事，每个人所计算出的机会成本也必然有所不同。这就是行为经济学与传统经济学之间的差别。

这就如同实践物理一样。理论物理告诉我们，在完全真空的情况下，一只铅球和一片羽毛，同时从同样的高度落下，由于重力加速度相同，它们将会同时落地。但现实生活中，除了在科学家的实验室里，我们并没有真空的环境，那么当我们在同一个位置同时抛下铅球和羽毛，最后羽毛的落地时间，往往取决于那里空气的密度以及流动的速度等诸多因素。

“非理性”就是羽毛下面的那些空气，那都是会影响计算结果的因素。

一个月收入只有5000元的年轻女孩子，和一个月收入50000元的办公室白领同时来到超市，看到那里有一台价值3000元的新款游戏机，从经济学原理“理性人”的角度来分析，办公室白领会购买这台游戏机的可能性更高一些，但事实是那个年轻女孩子酷爱玩儿游戏，她决定哪怕接下来的两个月省吃俭用也要买下它。

传统经济学家并不喜欢去理解和解释每个人的喜好问题，因为在他们看来，那是心理学和社会学应当去考虑的东西，他们更喜欢直接通过表格和计算来分析数据。但哪怕是传统经济学家也不能完全忽略人们的喜好，因为有时候在一些经济问题中，人们的喜好往往成为许多转折的决定因素。

在人类历史中，曾经发生过许多用传统经济学理论无法解释的经济现象，正是因为那些已经涉及心理学和社会学。比如，当一个社会陷入经济不景气的状况时，往往会发生一种反常的现象，就是人们开始大规模消费一些价格并不算很高的“奢侈品”。这可以说完全脱离了“理性人”的选择，但又不能将其归类于人类的愚蠢。在分析这一类经济现象时，经济学家必然要引入心理学和社会学的方法。

最后经济学家得出的结论是，在经济不景气的社会中，人们强烈的购买欲望只能通过购买廉价“奢侈品”（例如：口红）来获得满足。这种行为是“非理性”的，但从心理学角度上讲又是必然存在的，甚至可以说，在那种社会条件下，廉价“奢侈品”成了一种很好的安慰剂。

总的来说，不论从个人行为判断，还是从整个社会分析，“非理性”都是我们必须考虑进去的重要因素。当我们做出选择，当我们面对权衡取舍，当我们分析机会成本，甚至制定目标时，都不能忽略“非理性”的部分。

我们毕竟生存在现实的人类社会之中，每一个人都有血有肉，尽管“理性人”永远会选择两点之间最短的那条线作为前进路线，但在“非理性”的影响下，实际的路线或许会多出一些旁枝末节。

但那未必不是适合我们的最佳路线。

什么才是值得的交易

在我们的日常生活中，有这样一个十分有趣的现象，那就是，即便对待金钱，我们也往往戴着有色眼镜。

这话听起来有些可笑，毕竟，几乎没有人会不喜欢钱。当然，在对待不同汇率之下的不同币种时，我们总会通过汇率转换，将其他币种的数额转换成我们熟知的那一币种的数额，然后清楚判断这些钱的价值。但是，在对待同一币种时，我们总是颇有自信地对每一张纸币都一视同仁。没错，哪怕是一张已经严重褶皱的百元纸钞，在人们的心里，它也同刚刚从取款机内吐出的崭新纸币一样可爱动人。

但这只是表面看起来如此而已，事实上，我们无时无刻不在给自己以及他人的金钱分门别类。这也就是我们通常所说的“心理账户”。

“心理账户”的概念是芝加哥大学的理查德·塞勒教授在1980年提出的。这个概念具体表达的是人们会自动对金钱和资产进行归类，对于不同类别的金钱给予区别对待。不同的金钱被归于不同的账户中，通过这样的分类和整理实现对金钱的管理。而这种归类，并非我们主动为之，而是在不知不觉中形成和出现的。

举一个例子。假如你已经在几天前花50元买好了一张电影票。当然，这只是一场平常的电影，并不是你等了整整三年的超级英雄电影的后续，也不是你的“爱豆”倾情出演的浪漫轻喜剧。它很平常，网上的评价也不高，宣传过程也平平无奇，你会买这张电影票，仅仅是因为这个周末你有点空余时间，并且这部电影是周末影院里上映的所有电影中还算有趣的。到了周末那天，你取好票在休息室等待，可临近电影开演前的15分钟，你忽然发现，那张花50元买的电影票竟然丢了！这时候，你是选择再花50元重新买一张电影票，还是直接转身回家呢？

我们可以换一个前提。这一次，你并没有事先在网上买好票，而是打算到了电影院再买。但当你来到电影院，打开钱包时，忽然发现自己钱包里竟不知何时少了50元。可能是在你买饮料时不小心掉出去的，也可能是在路上买帽子时忘记让对方找零，这些都不重要，总之，你的钱包里丢了50元钱。这时候，你会继续买票来看这场电影吗？

看！后者绝大多数人都不会有所犹豫。毕竟，钱包里丢的50元钱，又不关电影的事，更何况，丢了钱已经让人心情不爽，看一场电影反而会转换心情。可是前者的情况下，很多人却会选择直接回家。因为原本就不是一部非看不可的电影，何必为了它再多花50元钱呢？同样是丢掉了50元钱，前后的差别竟然如此不同。现在你可以相信你对自己的金钱完全是区别对待的了吧？

其实，我们可以通过机会成本和沉没成本来分析这两种情况。在第一种情况下，我们为了看这场电影付出的机会成本是我们来看电影时所付出的路费和时间，以及买票的50元钱，如果我们选择再买张票看电影，那么，为了得到这场电影给予的愉悦，我们付出的机会成本的总和是100元加上时间和路费。而如果我们选择直接回家，那么，我们所付出的沉没成本，是50元加上路费和时间。

在第二种情况下，如果继续买票看电影，整个过程中付出的机会成本，除了电影票钱，自然也要加上在看电影的过程中所丢失的50元钱，如果直接回家没有继续买票，就是付出了50元加上路费和时间的沉没成本。

明明给人的是两种印象，可实际计算后，机会成本或者沉没成本确实是完全一致的。那么迷惑我们的是什么呢？答案就是那个神秘的“心理账户”。

在我们的预设中，钱包里的其他钱，跟我们要用来看电影的钱，是放在了两个不同的账户内的。在第二种情况下，虽然钱包里的钱损失掉了，可是看电影的钱还分文未动，丢钱这个过程似乎与看电影这件事是毫无关联的。甚至如果在看完电影回家几天后，让我们回忆看电影的那天，来计算那场电影让我们付出的机会成本，我们可能也会忘记将那丢失的50元钱计入其中。

可是，这个账户是真实存在的吗？答案是否定的。我们并没有专门建立一个账户用来看电影，也没有存一个小金库，并说明这个小金库只能用来在今后的几年内看电影。我们只是从钱包里拿出了50元钱，买了一张电影票，当这个行为完成，在我们的心中便自然将那50元归类到了看电影的那一心理账户中。

我们的这一心理被很多商家都摸透了，所以一些滞销的商品，只要稍稍换个包装，换一种宣传方式，便可能迅速畅销起来。比如，同样规格的卫生产品，当它被赋予儿童专用的意义时，就算它的价格比成人使用的那一款高出了好几倍，消费者也仍然愿意买账。因为成人在给儿童花钱时总是比给自己花钱更大方一些，在成人的世界里，给自己花钱的账户，与给儿童花钱的账户是不同的。

如果问行为经济学与传统经济学最大的不同是什么，那大概就是行为经济学更重视心理学这一部分，而这一部分，在传统经济学中几乎可以说是完全被忽略的。人很难永远保持理性的状态，而且对大多数人来说，他们在很多时候都是不够理性的，所以他们会出现与传统经济学中的"理性人"完全不同的行为。

当然，我们可以说，那是因为做出那些选择的人并没有系统了解过经济学，所以在判断时会出现幻觉。但如果大部分人都出现同样的幻觉，我们便不能忽略这些心理对整个经济体系造成的影响了。

对于个人而言，也只有当我们更加了解自己在做出某些选择时，是出于怎样一种心理，才能选择如何用更理性的方式去思考出一个更正确的交易方式。其实关于心理账户的理论包括三个部分。前面的电影票现象只是其中的第二个部分。

第一部分，是我们对金钱的收入和支出，更容易受到我们心理感受的影响。

举一个最简单的例子，便是朝三暮四的故事。养猴子的人早晨给猴子三个桃子，晚上给四个桃子，猴子都不开心，于是改成早晨给四个桃子，晚上给三个，猴子们都表示满意。同样的七个桃子，只是给予的方式不同，便让对方有了完全不同的感受。

这个故事，人们听起来如同笑话，但是在现实中，很多人陷入了这样的陷阱却浑然不知。比如一些金融产品，一些保险产品，只不过采取了连续给予你回报的方式，却会令你感到更加安心。一次给你 1 万元，和连续给你 10 个月，每个月 1000 元，后者总会令大多数人更加愉悦一些。

第二部分，是我们在支出和收入时，会将金钱自动归入不同的心理账户。

事实上，在我们进行收入规划时，也同样会把金钱分成三六九等。比如，我们工作一天赚来的钱，总是比我们买彩票中奖得来的钱要值钱一些。后者的钱就算随便挥霍也不会感到有什么损失，前者的钱即使拿出一点花费也很舍不得。

第三部分，是对待同样数量的收入和支出，我们可能会产生截然不同的态度。

比如，同样一件500元的衣服，当它作为原价出售，和作为打折商品出售时，我们往往更愿意为后者花费。我们甚至不会深究这件衣服本身的质量问题，仅仅是打折这两个字，便有着无限的诱惑。这其中有一个理论是交易效用，也就是说在交易过程中，对交易双方产生的心理效用。

抛开这件衣服本身的价值不谈，单说交易本身，作为原价买下这件衣服，我们只是付出500元买了一件500元的衣服。但当这件衣服被标价5000元，却表示打了折只卖500元时，那么我们买下这件衣服，便是只花了10%的钱。至于这件衣服本身的价值，那已经不是被心理账户支配下的人们会考虑的问题了。

当看清楚这一切时，我们可能会发觉，心理账户原来是个挺愚蠢的现象，原来在非理性的情况下，我们做出的很多判断都是那么幼稚。

其实大可不必这样悲观。人生在世的许多乐趣，有时候可能刚好就来源于那些我们看起来挺幼稚的事情。相反，如果任何时候都以绝对理性的思维去考量，那么人也就不是人，反而成了机器。

比如，我们可能永远都不会花200元钱给自己买一支水枪玩具，但当我们的孩子吵着要这么一个玩具时，我们会毫不犹豫地买下它。哪怕我们心里清楚这东西根本不值那么多钱，但当收获到孩子们的快乐时，我们会意识到，这样的付出是值得的。

还有那些上千元的手办，那些限量版的书籍，那些外人看起来完全一文不名的收藏品，对喜欢他们的人而言，却是超越一切的珍宝。省吃俭用一个月，平时连瓶矿泉水也舍不得买，却愿意花上千元买一张演唱会的门票，在别人看来可能也是很不可思议的事情，但对于真正喜爱的人来说，收获的愉悦都是无价的。

了解心理账户，并不是为了让我们看清自己的愚蠢，从而摆脱这些愚蠢。相反，只有越了解心理账户这一概念，我们才能更理性清晰地做出判断。当我们收入或支出时，我们正处于一种怎样的状态，也只有对这种状态有了足够的了解，我们才能真正做出更加适合自己的决定。别被你的心理账户迷惑，但也别去讨厌它，毕竟心理账户的衡量标准，在很多时候也会成为我们计算利益得失的重要参考。

回到最开始，那场电影，我们是选择继续看，还是不看？忽略掉那些模糊了我们视线的前提，其实重点根本不在于我们丢掉的是一张电影票，还是50元钱。不论是否继续买票看电影，我们已经确定的损失都是50元。而决定我们是否再花50元买票看电影的，是为了这场电影，我们愿意为其付出的机会成本。

付出这些沉没成本，与花费超出你心理价值的金钱去看一场电影，两者哪一个会让你更好受些？

并不一致的风险偏好

我们首先来思考一个问题：在同样数量的情况下，得到和失去，哪一个更能影响你的情绪？

这样表述似乎有些模糊，很难立刻确定答案，那么让我来举一个具体的例子：你手中有一个苹果，这时候你又得到一个苹果，这个苹果给你带来的喜悦，与你失去了手中的苹果为你带来的沮丧相比，哪一个更多一些？

答案或许清晰起来了。对绝大多数人而言，从一个苹果，变成两个苹果，得到的喜悦也只有那么一点点而已，可是如果仅有的一个苹果还失去了，恐怕就会不开心很久。因为在人们的内心深处，对于失去有着原始的恐惧感。

诺贝尔经济学奖获得者丹尼尔·卡尼曼曾经做过这样一个实验：被实验者赋予了一次抛硬币的机会；如果抛出正面，将会获得 150 美元，如果抛出背面，被实验者则要从钱包里拿出 100 美元。这是一个胜负概率为 1 ∶ 1 的赌博，稍微有一点概率学知识就会知道，成为赢家的可能性有 50%，且由于收益额比负收益额更大，所以更值得冒险一试。

可神奇的是，这个实验进行到最后，大多数被实验者都拒绝了抛硬币。哪怕胜负概率是 1 ∶ 1，哪怕胜时得到的要比负时失去的多 50 美元，他们仍然不愿意冒着失去 100 美元的风险，而去觊觎得到 150 美元的机会。因为比起得到，他们更加害怕失去。于是丹尼尔·卡尼曼开始加码，将150美元一直加到200美元，被实验者之中才有人开始愿意冒这个险。

丹尼尔·卡尼曼从中总结了一个数学模型，用来说明这种“损失厌恶”。在这个模型中，同样数量的得到和失去，失去的痛苦是得到的快乐的两倍。也就是说，当人们面对同样数量的收益和损失时，损失让他们更加无法接受。如果要人们愿意冒损失的风险，必须要有至少两倍于风险的担保。

可能这个结果会令一些人感到意外，但这就是事实，对于同样数量的物品或金钱，收益和损失对我们的影响程度是完全不一样的。

当然，这个数字并不是什么传统科学或是经济学计算得出的结果，它只是我们的生存本能给出的指示。如果真的通过经济学的方式去计算，可能我们反而会得出不同的结论了。

所以，如果说损失厌恶心理能够给我们什么正确的投资指引，似乎并没有什么具体的方法，相反，它只会令我们害怕，令我们畏首畏尾。但是，一旦掌握了这种心理，我们会变得更加睿智，因为我们需要面对的一个事实是，几乎所有精明的商家都喜欢运用人类的各种心理，在交易中占据优势地位。

害怕损失并不是什么丢脸的事，甚至可以说，这是人类的生存本能，是人类得以延续进化至今，刻在基因内的原始反应。从人类还处于原始时代开始，这个世界的物质资源就是相对稀少的，为了能够顺利生存下去，人类就必须想尽办法囤积各种资源。得到更多的资源，就能创造更多的生存机会，但是原有的资源一旦损失，面临的可能就是无法继续生存的风险。比起更高级的物资享受，保证基础生存则更加重要。于是，早期对物资的渴求和守护，被注入了人类的骨血中，并且成为人类文明延续的智慧。哪怕停滞不前，也要保留住原本的成果，这成为人们在无意识中便会做出的选择。

当然，人类社会也有过物资极其丰富的历史，也有过可以随意挥霍，肆意放纵的时期，但那仅仅源于人类短暂的错觉罢了。在漫长的人类进化长河里，总是物资稀缺占据了主要的时间，而人类社会也总是在那些时期里发展得更迅速，危机感总是成长的催化剂。

虽然一方面，我们要努力不被这种心理控制；但是另一方面，我们也可以主动去控制这种心理，将其运用到方方面面中。

首先，损失厌恶效应十分有效地被运用在了各种商业活动里。如果站在商家的立场，他们可以充分利用客户的这种心理来促成更多的交易。比如，商家可以先给予客户一些好处，但如果客户一直不使用，就会面临失去。比如优惠券和一些买够即得赠品活动。当客户手中握有这些东西时，为了不损失它们，就会继续进行购物活动，从而获得心理上的满足。

再比如，有些购物网站，会采取积分制，你每买一件东西，便会获得一定的积分，它们都能够在下次购物时作为一部分代金使用。而这些积分是有期限的，通常是几个月，过了最后期限，积分便会清零。于是，当你在这个网站买下第一件东西开始，你便落入了该网站为你设下的损失厌恶的陷阱。于是，哪怕你明明知道这只是网站的促销手段，在积分被清零之前，你还是会想尽办法在这个网站上再买一些东西。或者，为了能够充分使用积分，当你选择了这个网站，你便开始习惯于只在这个网站上购物，你与这个网站从此达成了契约般的购物关系。

当然，站在客户的立场上，被商家玩弄于股掌的滋味却并不好受。尤其是到了月末查账单的时候，发现自己竟然莫名其妙地买了那么多并不是十分必要的东西，本以为自己是占了便宜的那个人，到头来却是被玩弄的那个人。

其实，我们也不必过分沮丧，要知道，交易是一个买卖双方互相博弈的过程，一个健康的交易过程，往往是彼此能够双赢的。比如，购物网站或大型商场的优惠券，我们自然没有必要为了用掉他们而去购买那些不必要的东西，但我们可以把生活中一些必要的东西积攒到购物券过期之前购买。那些钱原本就是我们需要去花的，如果花钱时还能得到优惠，何乐而不为呢？

也就是说，虽然商家利用损失厌恶效应来迷惑我们，但我们也可以利用商家的这种心理去商家那边讨些便宜。交易就是一个操作与反操作不断循环的过程，不论是卖家，还是买家，明智的人总要努力去做那个最后的赢家。

其次，在投资过程中，损失厌恶往往会成为迷惑我们的烟雾。最典型的便是股票投资过程。一个有趣的现象是在股票市场中，人们最容易抛出的股票往往是正在上升的那只，而人们最不愿意抛出的股票通常是跌得最狠的那一只。

每一天，在证券交易的过程里，我们都能够看到损失厌恶效应被体现得淋漓尽致。赔得越惨的人越不愿意放手，并不是因为他们有多么大的把握可以赢回来，而是他们不想承认自己真的已经输了。不想承认那些钱真的就这么打了水漂。对损失的害怕心理蒙蔽了我们的双眼，让我们无法做出正确判断。这是很糟糕的。害怕损失是我们生存的智慧，但因为害怕损失而不断付出更多的损失，反而是在自我伤害。

因为在原始的生存环境下，我们的经济体系还没有这么复杂，每一个部落拥有的东西都是实实在在的，那些东西只要握在手中，便没有人可以抢得走。但是现在的经济体系并非如此，有些东西，你越是把它握在手上，就越是容易失去更多。比如，一只几乎没有什么希望的股票，或者一份看不到前途的投资。诚然，一只跌到谷底的股票也有可能在第二天反弹，但如果将希望寄托在这样的小概率上，那么这种心态也与赌博没有任何差别了。不该损失的东西不要让它损失，但是该壮士断腕的时候，也要痛下决心。

在当下的网络游戏中，几乎每一款社交游戏都有一个每日签到的功能，而且伴随着奖励，每天你什么都不需要做，只要登录一次游戏，便能够得到该日获得的奖励，如果你连续签到几天，还会得到更加丰厚的大奖。在这种奖励机制下，玩家就会产生一种感觉：这个奖励是自己已经拥有的，只要到游戏上领取一下就好，但是如果不去领取，那么这个奖励就会在第二天自动消失了。

于是，很多玩家为了不失去每天的这个奖励，甚至会给自己设置专门的提醒，不论如何都会在每日的午夜之前登录一次游戏，当登录游戏时，已经不是领取奖励的心理，而是害怕奖励消失的心理了。

游戏运营商就是这样，给予你东西，再利用你不愿意失去这个东西的心态，诱惑你永远都离不开这款游戏。如果哪一天你因为各种事情十分忙碌，忘记了登录游戏，到了第二天，你绝对不是庆幸自己度过了没有在游戏上浪费时间的一天，而是痛心疾首昨天竟然忘记了领东西，痛心自己的连续签到就这么中断了。就仿佛你对这个游戏有什么责任一样。而这时，你便已经进入了游戏运营商为你布置的陷阱。

所以，即便与金钱交易无关，即便只是日常的娱乐活动，你的损失厌恶仍然被他人利用了，而你甚至浑然不觉。所以，任何时候都要提高警惕，都要适当敲打一下自己，问问自己是不是被人利用了？是不是在无形之中，你心理上的一些习惯成了他人控制你的工具？

而事实上，这个话题还可以延伸到更远的地方。你是否有过这样的时候：你做了什么事情，让你有了点存在感，这时候来自四面八方的对你的评价也多了起来，其中大部分都是赞扬，但也有一小部分是批评，还有更小的一部分是很难接受的批评。这时候你觉得，所有那些赞扬你的都看不到也听不到了，你的眼睛里只能看到那最小部分的难听批评。

你知道这样是不应该的，应该更从容应对，不应该以这种悲观的心态处事，可是你还是没办法不去在意那些批评，就仿佛那些批评刻意被放大了，被摆在了你脑海中的最前端。与这些批评相比，赞扬的声音是那么微弱。

你觉得自己真是个糟糕的人，真是个性格差劲的人。但并非如此，你很正常，也没有做错什么，只是比起喜悦，你会更加在意对你的伤害。造成这种心理的同样是你的损失厌恶。经济学教会了我们要学会权衡取舍，要学会正确判断得失。这同样适用于为人处世。

当我们知道了自己更在意批评只是因为损失厌恶的缘故，我们就可以用更加公平的眼光去看待那些赞扬和批评，也会发现赞扬的分量远比批评的分量大得多。我们的损失厌恶让我们无形中放大了批评的声音，但我们同样可以人为地去控制那些声音。

当然，我们在努力控制自己的这种心理的同时，也可以学会利用这种心理让很多事情变得顺畅一些。比如，当传达给别人一些消息的时候，我们可以通过调整传达顺序让对方更好受一些，尤其是同时有着好消息和坏消息的时候，如果我们先说坏消息，再说好消息，这样对于对方而言，便是他从失去到得到的过程。先让对方失去许多，再一点一点得到，这会为你赢来更多的好感和机会。

曾经有一个在国外留学的女生给自己的父母写了一封信，信的开头就说自己得了重病，生活过得非常糟糕，所有的钱都花光了，在当地欠下了还不清的外债，同时还交了糟糕的朋友，在与病魔斗争的情况下，还要被朋友每日骚扰。

大概不会有比那更糟糕的生活了。父母看信的过程，或许是个心脏在不断下沉的过程。自己的女儿究竟在大洋彼岸承受着怎样的压力啊！然而到了信的末尾，笔锋一转，她告诉父母，前面的一切其实都没有发生，她还好好地过着她的留学生活，只不过她的期末成绩欠佳，可能要留级一年。

当然，留级并不是什么好消息，但比起前面的一系列遭遇而言，这相对来说已经不算多么糟糕的消息了。对父母来说，整个信的过程都在让他们不断"失去"，信的末尾却是个失而复得的过程。可如果从一开始就将事实说出来，那么这个即将留级的消息绝对不会让父母有什么好心情。我们并没有欺骗谁，只是希望大家都不要太难过。

而上面是对别人使用这一心理的实例，其实对自己也可以同样如此。因为害怕损失，所以做任何事情都可能畏首畏尾。但如果自己主动将一切都抛掉，那么接下来，就只能拼命得到了。当你手中有一个苹果，你便没办法去抱起前面那个大西瓜。损失厌恶让你在抛弃苹果与抱起西瓜之间犹豫不决，到最后，当西瓜被别人抱走，你拥有的也仅仅是那个苹果而已。

这一次，并没有狡诈的商家利用优惠券引诱你，也没有游戏运营商利用登录奖励绑住你，更没有什么故弄玄虚的人用语言的艺术哄骗你，只是你自己不肯放下。

仔细去衡量一下吧，摆在你面前的西瓜的利益有多大，而你自己将会付出的机会成本又有多大。西瓜可以是一份新的工作，一次新的旅程，一个很有前途的投资，一个朋友，或者是一段完全崭新的生活。苹果可以是目前的“饭碗”，可以是安逸的生活，可以是一只糟糕的股票，也可以是并没有多大意义的酒肉朋友圈。你的人生掌握在自己的手中，你随时都在面临着权衡取舍。到最后，你需要去计算的，仍然只是机会成本，是那个经济学中最原始的主题。

还是那句话，害怕损失并不可耻，那是对未知风险的谨慎，是保护自身的盾牌。完全不害怕损失的人是不存在的，即使这个世界上真的有完全不害怕损失的人，那么他的人生里很有可能充满着各种错误的决定，因为无畏往往伴随着无知。但是，对损失的惧怕心理更不该成为束缚我们手脚的锁链，也不该成为我们错过各种机会的原因，它应该成为推动我们去获取更多的力量，成为我们在权衡取舍时的思想筹码。

禀赋效应：价格是博弈造成的

你是否有过这样的时候：当你拥有了一样东西，你就会不自觉地认为这件东西是它的同类中最好的那一个。说起来似乎有些可笑，一件东西的价值原本应该决定于它自身，怎么会因为更换了主人而改变价值？

但只要回忆起曾经经历的各种生活细节，你就会发现，这个现象其实存在于我们生活中的方方面面，并且经常影响我们的判断。这种影响力是十分强大的，强大到许多时候即便我们意识到是自己的心理问题在作祟，却仍然会坚持己见。

这便是禀赋效应。禀赋效应是指当一个人拥有一样物品，那么他对该物品价值的评价就会远远高于未拥有这样物品时的评价。简单地说，就是我们总是认为自己拥有的便是最好的。

禀赋效应的心理效应的源头，其实来自前面所说的损失厌恶。在损失厌恶心理的驱使下，当我们拥有了一样东西，我们便不愿意失去它，这种心理使得我们对于拥有的东西格外珍惜，以至于我们会自动放大这件东西的价值。

举个例子，现在把两个咖啡杯摆在你的面前，一个是白色的，一个是灰色的，除去颜色外，材质形状都没有任何区别，它们的市场价格也完全相同，让你选一个，你会选择哪一个？如果你是一个对颜色敏感的人，或许你会选择你更喜欢的那个颜色。那么，如果你真的对白色或者灰色有所偏爱，不妨在想象中将它们换成两个对你来说并没什么太大区别的颜色。总之，这两个咖啡杯，虽然有所不同，但并不会引起你的任何偏爱，你会怎样选择？

好了，我猜测你大概遇到了选择困难，但没关系，其实做出任何选择都不是重点，重点是将会由其他人随意选择一个送到你的手中。现在你的手里拿到了一个白色的，或者是灰色的咖啡杯。现在问题来了，请问你是否愿意用这个咖啡杯，去交换另一个？

你可能觉得无所谓，毕竟两个咖啡杯对你而言其实没什么不同，拥有这个，还是拥有另一个，都完全一样。然而，当加拿大西蒙弗雷泽大学的杰克·奈奇教授分别给三组实验者做了与上述过程相似的实验时，结果却是，大多数人都选择了拒绝交换。你承认也好，不承认也好，人们总是会认为自己手中的那个才是更好的。

再举一个更简单的例子。某天你去商店，看中了一件衣服，这件衣服是店内同样款式的最后一件了，它标价 1000 元，你手疾眼快，把这件衣服迅速买了下来。这时候，跟在你身后又来了一位顾客，也看中了这件衣服，但是店内已经没有这件衣服了，于是他向你提出，可否给你 1000 元，然后请你把这件衣服让给他？

你一定觉得，他仿佛是在开玩笑。你凭运气买下的衣服，为什么他说让就让？你既然肯花 1000 元买这件衣服，又怎么会转手卖给他人，最后自己两手空空？

于是他开始加价，1500 元。你开始犹豫了吧，似乎这个生意并不是完全不能做，但你又真的不想失去这件衣服。他看到你犹豫，于是继续加价，2000 元。这种时候，包括你在内的大多数人都会同意了。

看，你并不是不能卖出这件衣服，一开始你不同意，只是因为加码不足以打动你。因为对你来说，尽管你是花 1000 元买下的这件衣服，但它的价值远远高于 1000 元。

到这里，你可能要反驳，那些你二手出售的东西，你也并没有开出比原价更高的价码啊。比如你半年前买的手机，因为你换了最新的款式，想将原来那个卖掉，你虽然使用了它半年，但它的外形和性能都和新的没有任何区别，可你还是开出了当初买下它的价格的七折，甚至五折。

这里其实有一个误区。你主动出卖的二手货物，它本身就是你不再需要的东西，你已经动了不想再拥有它的念头，那么，禀赋效应自然是不会发挥作用的。但是，如果这台手机你并没有想过要卖出它，相反，你使用得十分顺手，并且再也不会有比它更顺畅的型号，而这时候有一个人很喜欢你的手机，想要买下它，你还会打折出售吗？

如果我们换一个角度，仍然是前面那个手机的例子。这一次，你是站在打算买手机的立场上，你又愿意花多少钱去买那部手机呢？假如在市场上，使用过半年的手机的普遍价格都是五折出售，但卖家希望八折出售，你会愿意去花八折的钱购买这部手机吗？

答案自然是不会，因为这部手机在你眼中并没有那么值钱。这也是禀赋效应的另一个方面，那就是，对于并没有拥有这个物品的人来说，它的价值会低于拥有这个物品的人所认为的价值。

于是，矛盾出现了。卖方对物品的价值估值过高，而买方则对这个物品的价值估值过低，那么最后，决定这个物品最后价格的，往往并非卖方的估计，也并非买方的估计，而是在卖方与买方的两相博弈之后，最后找到了一个平衡的价格。

在市场上，往往都是卖家更加聪明一些。为了能使自己的利益最大化，卖家会想尽办法让那个博弈结果更有利于自己，那么最好的办法就是，卖家自己完成整个博弈过程。

能实现这一点的，便是各种促销活动。既然买方对商品的价格估量总是低于卖方的估量，那么干脆卖方在一开始，便将商品价格定在高于对其价值估量的价位。一件商品，卖方认为的价值是 100 元，但是在价格上将其定价为 200 元，同时，又表示商品在促销之中，打五折出售。

对买家而言，这个商品映入他眼帘时，它的价格是 200 元，那么在买家的眼中，卖家对这商品的价值认定也就是 200 元，于是买家对于卖家期望价格，自然会认为这件商品并不值那么多钱。可是因为赶上促销活动，现在这个商品 100 元就可以买下，这个价格也刚好符合买家在对卖家估计价值进行贬低后的价位，于是买家开开心心花了 100 元买下这件商品。

整个过程，卖家自然开心，因为其估价 100 元的商品，还是以 100 元的价格卖出了，买家也同样开心，因为他用 100 元买下了卖家认为值 200 元的东西。到此，双方都得到了他们想要的，各自的禀赋心理也都得到了满足。

如果可以熟练运用禀赋心理对于人们的影响，那么在交易市场中便很容易谋取利益。比如采用试用商品的方案，给予人们免费试用的机会，而当试用期结束，人们往往不愿意交回这个东西，只好选择老老实实交了钱。这种方式在如今的虚拟商品时代效果尤为明显。

一些游戏会推出免费试用套餐，到了试用期结束，人们通常都会因为不愿意失去这个套餐而继续付费使用。并且，由于人们对自己拥有的东西的价值估计总是高于自己并没有拥有它时的价值估计，在没有使用过这个套餐之前，用户往往并不认为这个套餐值得花那些钱去购买，可在免费使用过一段时间之后，用户已经习惯了这个套餐，甚至潜意识中将其当作自己的东西之后，这时候再让用户花钱去买，用户们往往会觉得物超所值了。

当然，在运用禀赋心理去左右其他人判断的同时，我们也要努力让自己不被这种心理所左右。

比如在投资过程中，就要随时警惕这种心理。当我们在投资一个项目之后，便很难对这个项目有所割舍了，沉没成本是一方面，禀赋效应导致的盲目性也同样是原因之一。只因这是自己一直着手的投资项目，所以无论如何都觉得它仍然有价值，仍然有前途，不愿意放弃。但事实当真如此吗？是否经过了认真分析，是否进行过全面考察，我们看清楚这项投资的真面目了吗？

在谈及纸面上的理论问题时，每个人都觉得自己可以成为一个经济学家，可是当面临各种具体事情时，一系列的心理效应就会开始左右你的决定。这就好像那些视觉错觉的图片，就算我们不断告诉自己那条线是直线，可眼睛传达给大脑的信息，仍然是一条弯弯的曲线。所以，对各种心理进行一定程度的了解绝对是必要的，只有了解到这种心理是如何发生的，我们才知道该如何去运用与避免。

在生活中，禀赋效应同样时时刻刻影响着人们的判断。举一个十分常见的例子。在工作中，或者在其他场合里，有两个人在竞选一个职位，需要大家的投票。一开始，一部分人选择了 A，另一部分人选择了 B。

只要对竞选稍有了解就会知道，任何一场竞选，总会充斥着各种各样的阴谋算计。随着竞选的过程进入白热化，两位竞选人开始被挖出各种各样的缺点如“黑历史”，比如A的工作态度有问题，B曾经多次迟到之类。而这个时候，有趣的事情发生了：最开始 A 的支持者并没有因为 A 被揭露的问题而不再支持他。相反，A 的支持者会找各种理由为 A 开脱，同时还会想尽办法去揭露 B 的更多问题，而 B 那边的拥爱者也是同样的操作。这也是为什么通常竞选活动到了最后，两边的竞选者都会被揭露得体无完肤。造成这一现象的并不仅仅源自竞选者本身的缺点，还有很多原因在于支持者们的禀赋效应。

当支持者们选定了阵营，他们便很难再更换到其他阵营了。他们会用最美好的滤镜去看支持的一方，再用最糟糕的滤镜去看反对的一方。这时候，已经不再是公平的问题了，而是两个阵营之间的心理较量。

事实上，不仅仅是竞选人，有时候，我们所持的甚至不是一个实际的东西。它可能只是一个观点或者一种态度。只是当这个观点、态度成为我们所拥有的东西，那我们的看法，往往就会一点一点倾斜、偏颇，到最后甚至走向极端。

比如，当出现一个社会新闻时，每一个人都会对其发表一些言论，而随着这个新闻事件的持续发酵，人们通常并不是跟随新闻而改变自己的舆论，而是不断给自己找证据，来证明最初的那个论点。科学家或者研究者们也是如此，当他们提出一种理论，便会千方百计去证明这个理论，倘若有什么事实证明那个理论完全站不住脚，就会给他们带来莫大的打击。

对此，我们有时候或许应该静下心来，仔细思索，我们所坚持的东西，到底有没有意义。我们坚持的东西真的如我们所认为的那样价值不菲吗？

我们紧握住不放的那只股票真的值得我们继续坚持下去吗？我们真的要放弃一切理性的分析，坚持等待它浴火重生吗？我们是否已经带上了禀赋效应的眼镜，以至于看不清现实了呢？我们投资的那个基金真的比其他投资产品更有前途吗？我们支持的那个议员，他的人品真的就比其他议员更高尚吗？

从固有的思维中跳脱出来，仔细思索，我们拥有的这些东西，真实的也好，虚拟的也好，倘若我们并没有拥有它，我们又会对它做出怎样的评价和判断？

禀赋效应自然是经常被商家用来获取利益而运用的心理效应之一，但不论是商家还是客户，我们从中获取的感悟，都应当是如何去左右它以及如何不被它所左右。经济活动永远是人类社会中重要主题之一，而经济活动并非仅仅围绕着交易和金钱。我们的生活，我们的成长，往往也在无形中受着各种经济学规律的摆布。

一个在自己的岗位上工作了八年的青年，他或许可以有更好的职业选择和人生机会，但他却没有去认真考虑，而是继续在这个没有前途的岗位上消耗着自己的生命。这也是禀赋效应的体现。

一位30岁的年轻人，正处于人生的十字路口。这时候，另一份更加有前途的工作向他抛出了橄榄枝。从旁观者的角度来看，他自然应该选择跳槽，去迎接崭新的人生。但从这个人本身的角度出发，他未必愿意放弃自己已经熟悉了的岗位。不论那份新的工作的诱惑力有多大，对于他来说，都未必能给予他改变的勇气。因为舍弃，是个无比艰难的动作。除非那份新的工作能保证为他带来比当前工作多几倍甚至更多的利益，他才有可能真的走出目前这个困住他的围城。

在我们的人生里总会遇到这样那样的意外，总会有些新的机会出现在面前，甚至有些利益，是可以看得到的。此时，我们必须反复衡量，将目光放得更加长远，为自己计算出一个更加全面的机会成本。重要的是，一定要摘下自己禀赋效应的眼镜，看清楚自己正在坚守的是什么，未来能够获得的东西又是什么，然后再来决定，是要继续坚守，还是改变。

其实，禀赋效应教会了我们用第三者的目光去看待自己的问题，既然人们总是对拥有的东西估量过高，那么我们就要用并没有拥有这东西的目光去看待问题。也就是跳出局中，用局外人的角度来分析。

权衡取舍是毕生要研究的学问

当原始人开始计算他们每天打来了几只野兽，人类便有了数学；当原始人开始使用不同的符号来记录他们每天的经历，人类便有了文学和历史；当原始人学会用棍棒作为防身武器，人类便有了物理学。至于经济学，许多人认为是从人与人之间开始进行物与物的交换时产生的。当然，出现交易行为，的确是社会经济开始萌芽的标志，但经济行为却更早地发生了。

我们知道，当一个种族开始使用文字，便标志着这个种族进入了文明社会。一个具有高等智慧的文明种族，必然有相对完善的经济体系。甚至直到今天，我们用以衡量一个国家是否发达的标准，都是这个国家是否拥有相对完善的经济体系。

但是实际上，在那些并不拥有任何文字的低智慧种群中，同样会发生经济行为。也就是说，与文学、数学、物理学这些似乎仅存在于高智慧文明社会中的体系不同，经济学是普遍存在于所有生物之间的。

因此，可以肯定地说，早在原始人尚未进化出高等智慧之前，经济行为便已经开始了。当然，这种经济行为并非是我们普遍上的物与物的交换，但也同样是一种交换，那就是选择与选择之间的交换。用我们习惯的表达来说，就是权衡取舍。

那么，可以说，当一个人开始面对权衡取舍，他就开始面对经济学了。

有这么一个原始人，他的大脑尚未开始学会去思考一些逻辑问题，他自然也没有名字，我们姑且叫他“木头”。木头每天过得浑浑噩噩，他不知道每天太阳为什么会东升西落，也不知道为什么夜晚要比白天冷。在这个丛林世界里，他唯一需要做的就是努力使自己活下去。然而，连直立行走都还困难的木头，要在这个世界里生存简直是举步维艰。毕竟木头没有猛兽那样尖利的獠牙，也没有飞鸟那样灵活的翅膀，如果说木头比其他生物有什么更大的优势，那大概只有求生欲这一点了。

木头，以及当时的千千万万个木头们，他们比其他生物都更想活下去。所以，尽管木头在先天条件上十分低下，但木头还是克服了各种困难，在这个危险重重的世界里活了下来。

木头住在一个山洞里，每天早晨，当他睁开眼睛，就要开始面临这一天的第一个选择：他是该多睡一会儿，还是外出觅食？

木头还没有思考能力，他并没有思考人为什么需要物品交换这种相对高等的冲动，他的大脑能够想到的问题也不是他为什么要活着这种哲学问题，而是他怎样才能活下去。多年来的经验让他知道山洞不远处住着一群野狼，那群野狼总是在天未亮时就外出觅食，他知道如果他多睡一会儿，今天就别想打到野兔了。

所以当他睁开眼，他没有选择多睡一会儿，而是迅速起身，力求赶在野狼出没之前去打到兔子。而就在这个瞬间，他完成了一次漂亮的经济行为。

我们可以分析一下木头在起床这一瞬间发生的事。他睁开眼睛，并未做更多思考，但是他疲惫的身体让他再多睡一会儿，而他的求生本能让他快点儿出门觅食，他最终遵从了求生的呼唤，放弃了再睡一会儿这一念头，执行了出门觅食的行动。由于他没有选择多睡，他疲惫的身体表示十分不满，因此在他觅食归来之后感到腰腿背痛。这就是他做出觅食选择需要付出的代价。

木头付出了一段时间的睡眠，得到了充足的食物，至少在这一天之内，他不会挨饿了，至少在太阳落山之前，木头完成了多活一天的成就。

事实上，任何生物，在任何一段时间里，都面临着选择。一个走在路上的人，面临着是否停下来歇一歇的选择，一个吃饭的人，面临着是继续吃还是停下来的选择，而任何一次选择，都有可能将人生引领到截然不同的方向。

不过，绝大多数时候，我们都不会意识到自己做过选择，我们只是按照平时的习惯，去做我们自然而然会去做的事情。当然，这种习惯，也是千万年来，人们通过大量的选择实践，最终找到的最佳方案，当这个方案被刻写在基因里，人们便不会再去费力思考为什么自己要这么做，以及为什么自己正在这么做。

但是经济学家们不会放弃思考这些行为原因，他们会认真分析人们的每一次权衡取舍，并从中总结出规律来。最终经济学家们发现，人们的每一次选择都是在力求让自己获得利益的最大化。

对木头而言，他选择了觅食，而不是继续睡觉，是因为觅食带给他的利益远远大于多睡一会儿带给他的利益。尚未学会理性思考的他自然无法衡量两者的利益差别，但是在每一个周而复始的日子里，他已经找到了一个能够让他活得更顺利的方式，那就是早晨醒来后立刻去觅食。这种选择并不是凭借思考，而是凭借大量的生存经验而做出的。

当然，木头只是一个原始人，而一代一代的原始人，将这些经验和习惯传下来，经过这些积累，人们终于真的学会了理性思考，学会了总结经验，早起去生产就这样被书写在了人类生存的智慧里。

其实通过分析从古至今流传下来的生存经验，我们会发现里面写满的全都是权衡取舍。“闻鸡起舞”是让我们早晨起床立刻去练功，“学而时习之”是让我们把时间用来学习而不是玩乐荒废学业……可以说，权衡取舍存在于这个世界的任何一个角落，有人的地方就有权衡，有生命的地方，就有取舍。

每一个人，从他生下来的那一天开始，他就要进行权衡取舍了。权衡取舍是经济学的基本构成原因，也就是说，从我们出生的那天开始，我们就开始使用经济学。

为什么权衡取舍如同空气般存在于我们的世界里？原因只有一个，就是这个世界的资源是有限的。这里的资源当然并不仅仅指的是物质和金钱，准确来说，任何会被我们使用的东西，都包含在资源内：空气，水，时间……

这些资源都是有限的。哪怕有些最初我们以为是取之不尽，用之不竭的东西，事实上也是有限的。因为资源有限，所以当我们想要获得一些东西时，就必然要舍弃一些东西，这就是人类在宇宙中的生存法则。

每一个人生下来就会呼吸，但并不是每一个人生下来就懂得如何权衡取舍。可权衡取舍却是如呼吸般与我们形影相随的东西，因此我们就要如同熟练掌握呼吸的能力一般去熟练地学会如何权衡与取舍。

木头的人生是简单的，他的目标只有一个：活下去。因此他做的任何选择，都是为这个目标而服务的。这样的人生看起来单调，却实现了我们现代人很难实现的东西，那就是专注。

当一个人专注生存这一件事，他往往能很好地生存。如果木头当时的大脑并不是那么简单，如果他已经有了一些乱七八糟的思想，如果他已经开始考虑生存还是死亡的问题，那么他很可能在睁开眼后躺在山洞里稍作冥思，接着他就会失去那原本应该属于他的野兔，接着他很可能会饿肚子，并在身体虚弱的状态下遭到猛兽的攻击，最终死去。

而出现这种后果的原因，是尽管木头已经有了思考能力，但思考能力还不完善，他能够去考虑生存还是死亡的问题，却不会考虑如何进行取舍才能让自己获得利益最大化。他多在山洞里躺了一会儿，错过了觅食的最佳时间，他以付出一天的食物为代价，换取了在山洞里思考生存还是死亡的那点哲思。

当然这只是假设，幸好木头的头脑十分简单，并不会去思考生存还是死亡，而当今这个时代，却有很多人会犯这种“低级错误”。

有趣的是，我们的学校里会教学生们如何计算，如何写字，如何唱歌画画，如何解释太阳系、银河系，却很少教学生如何去进行权衡取舍，哪怕权衡取舍是比计算、写字、解释宇宙更重要的东西。

在学校的教室内，当老师看到有一名学生正在走神时，他往往是在课上点名提醒一下该学生，下课后也会跟学生苦口婆心地讲学习的重要性，而很少有老师直接去跟该学生计算用知识作为代价换一点走神的时间是多么愚蠢的选择。学校的数学课总是从加减乘除开始，但一个人最应当掌握的计算题，是计算如何选择才能使自己的利益获得最大化。

学校里并不会教利益获得最大化的计算，到了工作岗位上自然更加不会有人教。结果就是，我们这个时代的许多年轻人过着浑浑噩噩的日子，浪费着大把大把的时间，却不知道自己最该做什么。

有目的性地去做每一件事，这并不是让一个人变得功利，而是让这个人能够更充分地利用自己的生命。因为就如同这世界上的一切资源一样，生命也是有限的，而对于一个个体来说，生命比他使用的任何其他资源都要稀缺。

我遇到过这样一个案例：生活在 CBD 内的小午每天都要赶公交上班，她必须起得很早，才能赶上那辆早班的公交车，才有可能拿到一个月的全勤奖。对于她这种年轻人而言，多拿那几百块钱的全勤奖金是十分重要的。白天，她勤勤恳恳工作，晚上很少准时下班，而是继续加班工作，因为领导需要赶进度，她如果按时走了会担心领导误会自己工作态度消极。

晚上回到家，她劳累一天的身体终于可以获得短暂的休息。匆匆吃过晚饭，她已经迫不及待地打开电脑，开始玩儿电竞游戏。而电竞游戏更加消耗体力和精力，可她还是乐此不疲，一直打到深夜。

用小午的话说：那是她唯一属于自己的时间了，当然要做些自己真正喜欢做的事情。白天做了那么久的工作都不是她喜欢的，只有夜晚这几个小时的游戏时间才能让她的大脑兴奋起来。

人们感到兴奋，是由于大脑分泌了多巴胺，但现代人获得多巴胺的方式越来越艰难了。对于原始人来说，他每天只要能吃饱一顿饭，大脑就会产生大量多巴胺，足够让他快乐到第二天清晨。但很多现代人要集中精神，在电脑前打上几个小时的游戏才能获得。而那一点儿多巴胺，在关上电脑的几分钟后也迅速消失了。

我们正处于一个资源相对丰富的时代，只要我们想，就可以吃到足够多样的食物；只要我们愿意，就能找到几十种令自己快乐的方式。这就回到了前面说的问题时，当木头的头脑不再是简单地思考如何活下去这个问题，他是不是真的还能活下去？当人们已经能够使用各种方式愉悦自己，当这个时代已经娱乐至死，人们是否还能记得，生存才是他们最大的目标？

对原始人而言，生存的意思就是能够看到第二天的太阳，对我们这个时代的人而言，当然只要不是身患绝症，都总能看到第二天的太阳，但我们面临的不仅仅是看到第二天的太阳，而是第二天能看到怎样的太阳。是照射着一个即将实现人生理想的年轻的太阳，还是照射着一个疲惫不堪失神落魄的太阳？

一直打电竞游戏到深夜的小午，第二天醒来迎接她的是无比刺眼的太阳，几乎要刺痛她干涩的眼睛。熬夜耗费了她大量的专注力，清晨她要忍着困意起床坐公交上班，晚上仍然免不了还要加班。长此以往，她的身体早已陷入健康危机的边缘。她选择了获得那几个小时的愉悦，付出的代价是不断降低的工作效率和日益虚弱的身体。

在很长一段时间里，小午尚未察觉出这样做有什么问题，有许许多多如同小午的年轻人，有的已经患上抑郁症，有的身体出现不正常的征兆，有的甚至早早失去了生命，在这个快节奏的时代里，离去得悄无声息。

所以，权衡取舍是一门我们毕生都需要研究的学问，当一个人能够更准确地衡量出价值的大小，能够在大多数时间里实现最优选择，那么他也就距离智慧更接近了一步。

第二章

判断真正的利弊得失

可能获得最大利益的机会成本

在经济学中，一个几乎无处不在的概念便是机会成本。机会成本可以说囊括了经济学理论中的方方面面，在计算任何一个经济行为时，我们都要率先考虑机会成本。

机会成本是十大经济学原理中的第二条，其官方解释为，某种东西的机会成本是指为了得到它而放弃的东西。若是在交易行为中，这个概念很容易理解。当我们需要一个苹果，我们便拿出了买下这个苹果的钱，我们花出去的那些钱，便是为了得到这个苹果而付出的成本。

看起来是这样没错，但事实当真如此吗？努力回想一下这个买苹果的过程，我们需要走进水果店，需要拿出钱包，需要与店员进行交易，在整个过程中我们损耗的并不仅仅是苹果价格的那一点金钱而已，还有我们付出的体力和时间，当然，这点消耗是可以忽略不计的，但它们依然存在。

同时，为了购买这个苹果，我们消耗了一部分金钱，这部分金钱，倘若它没有用来购买苹果，我们会用它来购买什么呢？这都是我们为了购买这个苹果所付出的代价。它可能是一根雪糕，可能是几个鸡蛋……总之，那也是为了得到这个苹果而付出的机会成本。

总而言之，机会成本这一概念，比我们普遍认为的交易消耗要广泛得多。

现在，假设我们是一个站在人生十字路口的年轻人，摆在我们面前的有两条路：一条是继续学业，去学习更多的知识，让我们成为一个底蕴更加深厚的人；另一条是立刻去工作，开始赚钱来改善生活。

这时候，该如何选择？通常人们需要做出选择时，率先考虑的是自身的意愿。一个人喜欢学习，于是就选择继续学习；一个人喜欢优渥的生活，就选择去参加工作。当然，两者都无可厚非。只不过，当了解了经济学原理，我们在面临这些选择时，不妨使用更加经济的头脑去思考未来。

首先，我们假设选择了继续学业这条道路，于是我们开始计算这条道路需要我们花费的机会成本。第一，几年的学习时间，需要付出我们的金钱，时间，精力，这些是看得见的。第二，看不见的东西是，为了完成这几年的学业，我们放弃的其他机会。也就是说，如果没有用来学习，那么在这些时间里，我们会用它们做什么？如果我们确信把这些时间用来工作，我们能够赚上几十万上百万元，那么这几十万或上百万元也是为了学习而付出的机会成本。

这时候，就要比较付出的这些机会成本，最终会为我们带来多少利益。几年的学习，让我们成为更加专业、更有学识的人。我们可能用这些学识来赚取更多的钱，也可能用学识去实现理想，做一个潇洒的追光者。这样的利益，是否值得我们用那些机会成本去换？

每个人都有他自己的评判标准。有的人会认为值得，有的人会认为不值得，而重点并非每个人对利益的看法，重点是不论追求的是哪一种利益，都要计算清楚为之付出的机会成本，再按照自身的评判标准，让自己能够在选择过后获得最大的利益。

机会成本是个十分有趣的概念，它本身具有一种形而上的哲学观。它是一种用科学的方式去解释的现象。因此它的应用范围也往往渗透到我们生活中的每一个角落。

从一个人，到一个家庭，到整个社会，许多决定和现象，都要通过考虑机会成本，再得出最后的结论。对于个人而言，当我们每一天早晨醒来，我们所做的任何一个动作都有它的机会成本。不论我们做什么，获取什么，追求什么，都会相应地付出一些成本。我们早起一个小时，付出的机会成本是一小时的安稳睡眠，而我们得到的，是多出了一小时用来安排生活和工作的时间。倘若你已经拥有了一夜舒适的睡眠，这一小时仅仅能让你在床上获得一点点精神上的享受，那么它或许并不如早早起来为你带来的利益更多。但如果你的睡眠状况并不好，这一小时的睡眠能让你的身体得到更多的休息，进而促进健康，那么或许多赖一会儿床也并不算坏事。

在正常的工作系统内，休息日都应算在工作时间之中。即便在休息日里也要继续支付工人的薪水，因为如果休息日拒绝支付薪水，那么对于工人而言，为了这一天的休息所付出的机会成本过大，这样是不人道的，必然要遭到工人的反对。

回溯到经济学建立的最初时期，市场的形成源自交易。一个农民会生产土豆，而一个牧民会养殖牛羊。在一个农业发达的地区内，农民们拥有丰富的生产土豆的经验和天然的生产土豆的条件，因此，他们生产一个土豆的机会成本非常低。这时候，一个农民想要吃牛肉时，最好的方式，是自己去养殖一头牛，还是去另一个养殖业发达的地区购买牛肉？

答案是显而易见的，但我们仍然要计算一下机会成本的问题。这个地区因为主要是用来生产土豆，所以到处都是田地，并且拥有平摊下来后十分便宜的养料，农民们只需要付出一点辛劳和有限的购买养料的钱就能种植出足够的土豆。但这里的一个农民如果想要饲养一头牛，就必须圈出一块用来养牛的地，并且要购入足够的饲料，同时还要冒着牛生病的风险，用几年的时间将这头牛养大，最后还要耗费不少工夫将这头牛肢解，才能吃到他想要的牛肉。

那么，为了吃到牛肉，他付出了多少机会成本呢？这其中首先包括为了养这头牛所花费的时间和精力，同时还有为了养这头牛而少生产了几年的土豆，这几年的土豆如果换成钱，大概够买上几头甚至十几头牛了。结论就是，这个农民为了吃上牛肉而养牛，消耗了巨大的机会成本。

反过来，在畜牧业发达的地区，牧民想要吃上土豆，如果也选择自己种植这样笨拙的方式，也同样要耗费巨大的机会成本。于是，市场出现了。农民和牧民分别来到交易市场中，农民用五个土豆，换来了牧民的一块牛肉。他们彼此付出的机会成本，只有五个土豆和一块牛肉而已。

到此，我们可以看出市场的重要性，交易的重要性。只有我们通过交易，才能付出最少的机会成本，换取最多的利益。所以说，机会成本这个概念永远贯穿于经济学的始终，它并不仅仅用来分析我们应该做出怎样的选择，更通过以其为基础的一系列经济分析，最终达到双赢和多赢。

机会成本并非一成不变，在不同的时机和条件下，机会成本都会有所不同。就如同上面的例子，农民生产一块牛肉和牧民生产一块牛肉的机会成本就完全不同。显然，农民付出的机会成本更多一些。为了两者都能付出较少的机会成本，从而获取最大利益，那么，就要通过市场交易来实现的。

当然，一个人可能同时擅长做几件事情。比如，一个科学家可能同时擅长创作音乐，一个农民可能也会点木匠活儿，与其他人比起来，他们做一件事情的机会成本都会比较低。

在经济学中还有一个比较优势的重要概念。有些事情并不是和其他人比较，而是和自己比较。假如一个会做椅子的农民种一斤土豆的机会成本是做一把椅子，那么他做一把椅子，就要付出一斤土豆的机会成本。但是一个技术普通的木匠，他并不擅长生产土豆，他要生产一斤土豆的机会成本是做五把椅子，那么，他制作一把椅子，付出的机会成本就是1/5斤土豆。所以对于这个木匠来说，他用这个椅子去换农民的半斤土豆，就一点都不吃亏。

这也就是为什么一个人不论生产能力有多强，不论他个人具有怎样的绝对优势，他还是会选择与其他行业也许并不那么具备优势的人进行交易。只要这个人追求利益的最大化，那么他就应当选择去生产他最擅长的东西，也就是说他与其他人相比，比较优势最大的那件东西。所以在我们的社会中，人们总是各司其职。每个人都发挥自己的长处，才能将一个家庭，一个公司，将整个社会带入良性的循环发展中。

比较优势的存在也提示着我们永远不该一个人逞强。从个人的角度来看，一个人当然希望自己能够大包大揽，任何事情都做到游刃有余。不论在家庭里还是在工作中，我们经常遇到这样的人，他们什么事情都想要自己亲自做，而一些偷懒的人也喜欢将各种事情推给他们。这就形成了一种以一个人为中心的现象，一个人负责一切，其他人负责依赖这个人。这种情况并不算罕见，那个作为中心的人物会被大家视为支柱和英雄。

看起来，这种个人英雄主义事迹是令人感动的，但是如果从经济学的角度来看，这种现象绝对是十分不合理的。一个人可能各方面的能力都很强，他外可以御敌，内可以安抚，但他的业余爱好很难超过其主业能力。

放到团队中同样如此。如果 A 适合做外部工作，B 适合做内部工作，那么就应该尽量让他们各司其职，这样团队的工作效率才会更高。作为公司的领导，则更应该信任自己的下属，而不是事事亲力亲为，因为领导去做具体事件所付出的机会成本会更高。

因此，从经济学的角度来说，每个人都不应当去做独行侠，应当努力学会与他人合作，发挥各自的比较优势，才能最终实现双赢。

当代社会一个十分有趣的现象是，许多人不知道为什么，都在强调自己性格内向，强调自己对社交的恐惧。这或许与我们现今的社会结构有关，这个社会已经过多地强调个性，强调个体的独立性，而不再如从前那样强调集体性，强调整体划一。这就使得在许多人的认知里，自己是与外界割裂开来的，他越是在内心里强调自我，就越是难以融入整个社会生活。

其实，过分强调自我与过分强调集体，在本质上没有什么差别。强调集体的时候，也是将整个集体当作了一个自我，这个集体采取同样的思考方式。而它们的弊端也都相同，那就是人们没办法真正发挥出自己的最大作用。

如果只从经济学的角度去思考，那么每个人都不应当拒绝社交，就算不去刻意社交，至少也应当拥有几个志同道合的朋友。相互配合，相互照应，并不仅仅是为了自己，更是为了这个社会充分接纳你作为个人而发挥的作用。所以，要适当地学会放弃自我，寻求其他人的帮助。求助于人并非是软弱的表现，而是通过经济的头脑计算之后，得出的最好结论。我们在某件事情上求助于人，是因为我们可以将做这件事的时间用来做一些我们更加擅长的事情。这也是我们通过对比，得出比较优势后，做出的最优选择。

当我们选择将那些我们不是最擅长做的事情分给其他人去做之后，我们就给自己留出了更多的时间，用来将我们最擅长做的那件事情再度优化。虽然很多人都喜欢追求全能，但是只要对比机会成本，我们就会发现，将所有的力气都使在同一件事情上，对我们更有益处。

再回到一开始，当站在人生的十字路口，我们应该做出怎样的选择？

仅仅从理想的角度来选择，人当然可以遵从自己的内心，去选择自己更希望做或更感兴趣的事情。比如，他可以为了能够继续学业而放弃年薪百万的机会，他认为一切都值得，觉得理想是无价的。

如果从经济学的角度来看，最优的选择仍然是能为自己带来最大利益的那个选项。并不是说选择年薪百万的工作就一定是利益最大化，倘若这个人十分擅长做研究，他通过学习，最后真的能够在本专业领域有所建树，最终实现理想，为社会做出贡献，那么当初他放弃的年薪百万元的工作的机会成本也是完全值得的。

但如果这个人只是空有一腔热血，明明更加擅长在工作中发挥自己的力量，却为了面子或出于错觉选择去做学问，那么这个选择实际上是十分不经济的。

自然，并不是每个人时时刻刻都会去追求利益，也会有人忽然想要叛逆一次，用昂贵的机会成本换取微乎其微的利益。这些都是个人选择。只不过，当我们愿意去追求利益时，就要想清楚是否应该通过与他人交易来降低自己的机会成本，以及是否应该寻求他人的帮助来获取更大利益。

边际成本：N 与 N +1

我们常说：理性的人会考虑边际量。虽然这世上并不存在绝对的理性人。但在以经济学为基础的分析性事件中，我们又习惯假设一个理性人的思维方式。也就是说，我们可以通过分析理性人的思考，进而寻找出相对合理的解决途径。

在生活中，我们要进行抉择，但是绝大多数时候，需要我们下决心的，并不是选择“1”还是选择“2”，也不是选择“是”还是“否”。通常，我们遇到的难题，都是 1 是否要加上 0.1；选择“是”，还是“有点是”这一类的问题。已经吃饱了一顿饭，是否还要再喝上一口汤？已经学习了 3 个小时，是否应该继续学习半小时？

选择的两边并没有黑白分明的界限，甚至看起来，两者也没有多少不同，区别仅仅是那一点点的差异而已。而我们需要为之抉择的，也仅仅是那一点点的差异。这点差异，在经济学中，被定义为“边际变动”。

“边际变动”并不会对你造成太大的影响，它只是一个微小的调整。我们所生活的世界并不是寥寥数笔的简笔画，多一笔少一笔都会给画面带来巨大的影响。我们的世界是丰富多彩的，是内容繁杂的油画，当需要有所改动时，我们也只是在上面多添一点色彩，多画一片叶子罢了。

但也就这一点点色彩，一小片叶子，仍然是值得特别关注的改动。当我们需要决定是否应当做出这些改动时，就需要考虑为这些改动所付出的成本问题了。因为人们永远面临着权衡取舍。一种东西的成本是为了得到它所放弃的东西。边际变动也是如此。

任何变动，都伴随着成本与利益，当我们决定是否做出某项变动时，就要比较这个变动的成本和利益的趋势。这点变动自然对整体不会有太大影响，影响的只是那一点微小的边际成本与边际利益。而在经济学中的理性人经常需要思考的便是边际成本与边际利益的关系。

通常，只要边际利益大于边际成本，我们就愿意去做出那些改变，相反，如果一个改变得到的边际利益低于边际成本，那么就很难去做那些调整了。

比如，当一个航空公司在飞机起飞之前，是否要低价出卖仍然空出的座位，需要考虑的就是边际成本。假如一架飞机共有200 个座位，它从北京飞到深圳的成本是 20 万元，那么，平摊到每个座位上的成本，便是 20 万元/200，也就是 1000 元。所以，从理论上来讲，卖票的时候，每一张机票的价格都不能低于 1000 元。而我们也知道，航空公司在定价时，绝对不会真的给每一张票定价 1000 元整，因为如果票价完全与成本相等，那么这个航空公司就不会赚钱，也不会发展壮大。所以，最后出现在票价表上的价格，必定是高于 1000 元的。

当行情好的时候，这架飞机上的 200 个座位或许会被全部售空，甚至可能很早之前就全部售空，顾客想坐上这架飞机，就得提前很多天抢票。但是，如果遇上行情不好的时候，这架飞机上的座位可能一直到起飞前几个小时都没有卖完，可能还空着那么十几个座位。这个时候，摆在航空公司面前的，有两个选择：要么继续当前状况，在乘客尚未坐满的状况下，让飞机起飞；要么，压低票价，在起飞前争取到更多的乘客。

那么，下一个问题来了，这个票价可以压低到什么程度呢？这架飞机的整个行程，包括各种工作人员的付出，总共的成本是20万元，平摊到每一个座位上的成本则是1000元。理论上说，票价再低，都不应该低于1000元。但目前需要考虑的已经不是平摊到每个座位上的成本了，而是为整个状况做出改变的边际成本，也就是从一架飞机带着并没坐满的乘客飞完全程，转换到一架飞机带着比原本的乘客多出几位乘客的情况飞完全程。

这样的边际变化的成本是多少呢？答案是，微乎其微。成本只有一顿飞机餐和几杯饮料而已。

而这样的边际成本所带来的边际利益，便是售出的飞机票的价格。只要这个票价远远高于那点飞机餐和几杯饮料的价格，航空公司便有利可图。在这样的条件下，飞机起飞前那几个小时的票价完全可以低于1000元。

而这种机制，是否会引起飞机上原有乘客的不满呢？不会。因为谁都无法保证飞机起飞前几个小时是否还有座位，如果为了能买到更低价的票而迟迟等待，到了临行的那一天，很可能完全买不到机票。

对于乘客，这也是一种博弈，冒着买不到票的风险，去获取航空公司的边际利益，两者也算是各取所需。

这也解释了，为什么商场到最后甩货的时候，商品的价格总是会远远低于曾经的价格。

自然，很多商场会将甩货作为一种销售噱头，将原有的商品打着低价出售的名号，其实以原本的价格卖出去，顾客也往往被这种噱头欺骗，抱着占便宜的心态，真的去疯抢那些看似低价，实际是原价的商品。

但是很多时候，商场也是真的在甩货，尤其是那些商品时常更新换代的大商场。尤其是服装和玩具这类商品，由于需要满足顾客们的新鲜感，必须隔一段时间上架新设计的产品。那么，原有的产品，就处于丧失顾客新鲜感的尴尬位置。但是，之前的产品仍然有滞留，并没有卖空，夏季的服装到了冬季仍有库存，到了第二年的夏季则完全是淘汰品了，这些商品，该拿它们怎么办呢？是继续等待有人愿意去原价购买它们，还是彻底接受它们已经无人问津的命运？

首先，假如它们仍然以原价出售，对于顾客来说，同样的钱，买新出的产品更加具有吸引力，除非顾客对原来款式的产品情有独钟，否则它们绝不会有得到赏识的机会，而遇到对它们情有独钟的顾客的概率，在这个人们容易喜新厌旧的时代里，可以说低之又低。

这种时候，就需要通过考虑边际量，来处理这些货物。因为从整体的状况来看，人们几乎不会去购买那些过时的商品，甚至可以说，这些商品就相当于废品。既然是废品，那么将它们摆在货架上的机会成本便趋近于零。在这种状况下，不论将它们的价格降到多低，只要能够售出，商家都是有利可图的。

自然，如果时间间隔较短，商品本身尚具备吸引顾客的能力，那么它的价格就可以少降一些；如果时间间隔较长，价格就可以多降一些。总之，在不影响新产品出售的条件下，只要能够将它们卖出，商家都不算吃亏。

因此，如果是聪明的顾客，他便会等到商场的打折季，以相对的低价购买心仪的商品。而顾客付出低价的同时，也要承受使用的并不是最新款商品的代价。对于不那么富裕的顾客来说，使用的商品并不是最新款这个机会成本，必定是低于使用产品获得的愉悦的。当然，如果是十分富裕的顾客，定然不愿意付出影响使用感受这种机会成本。对商场来说，当季的最新品和过季的打折品分别满足了不同的顾客，大家都是各取所需，达成共识。

当考虑边际成本时，我们需要区分的一点，就是边际成本与实际成本。如上面的两个例子中，航空公司飞机上的每一个座位的实际成本是 1000 元，但在尚未完全售出座位的情况下，增加一个乘客的边际成本只是一顿飞机餐和一点饮料。区分两者的标准，便是要看改变本身，是否是在已经成型的整体状况下做出的微小改变。

工作要不要加班，加班多少，对自己才是最有利的呢？首先，一天的工作已经完成，这一天的工资已经可以拿到手了，这时候，如果公司要求你继续加班，那么是加班，还是立刻回家？

假如加班一小时可以获得应有的加班费，那么为了这一小时的加班费，付出的边际成本是在工作一天的基础上，再多工作一个小时。工作一天的概念对很多人来说，通常是指一天以内可以接受的工作量。再增加更多的工作量，则会给人带来一定的身体和精神上的负担。但是，如果平时很少加班，一个月只有一两次，那么在这一两次里增加一小时的工作量，付出的成本也是微乎其微的。至于这些成本与相应的加班费哪边更有价值一些，就要根据自己的具体状况来判断。

而这只是边际成本在生活中的冰山一角罢了，事实是我们几乎时刻都面临着这种并非 0 与 1 的选择，我们经常需要进行抉择的是 N 还是 N +1 的问题。

早晨闹钟响起后是立刻起床，还是继续睡 15 分钟再起呢？是早一点出门，还是晚一点出门？吃饭时是喝一口汤还是不喝？学习时是多看一页书还是合上书本？这些看似完全不需要我们刻意去做出选择的问题，却早已在不经意就做出了选择，只不过，我们的选择真的是正确的吗？

边际成本的效果往往与原本整体的数量有关。这就如同 1 与 1 +1 相比，后者是前者的两倍，投入 1 和投入 2 的区别十分明显。比如，一个工厂一天能生产一台车，如果要将数量增加到两台，势必要投入更多的人力与物力。但是，如果是 100 与 100 +1 相比，差别就不那么明显了，如果是 1000，10000……那么在此基础上多出一个的成本就显得很微末。

所以，需要应用到边际成本的情况，通常也都是原本的数量已经十分可观，达到量化之时。只有 N 的数目够大，我们才能够忽略 N +1 的成本。边际成本之所以称为边际，正是因为它与整体相比，只是一点边缘而已。

我们买一瓶水的时候，通常都会计较这一瓶水是一块钱还是两块钱，但是当我们买一辆车的时候，几乎谁都不会在意多花一块还是少花一块了，所以一个平时省吃俭用的人，买车时很可能愿意多花上几百块钱去购买一点别致的车内装饰品。因为与整个车的价格相比，这几百块钱几乎可以完全忽略了。

因此，在学会计算边际成本与边际利益的同时，人们往往还会为了获得更多的边际利益，努力将边际成本降至最低。边际成本与原本的机会成本不同，机会成本需要计算所有为了得到一样东西而放弃的东西，但边际成本的多少基本取决于原始量的大小。想要降低边际成本，就一定要实现产品的量化。

最明显的就是当前的互联网行业。很多互联网公司最开始时的经营都是完全免费的，免费为用户提供各种便利，免费帮助用户实现各种各样的功能，在这样仿佛无私的慈善行为下，一个产品渐渐拥有了足够的用户群，用户群实现了量化，这时候，这个产品开始推出各种收费功能。

当然，不会有互联网公司蠢到将之前免费的功能变成收费，他们会继续保留原本的免费产品，只不过又增加其他更便利的收费功能。这个时候，已经习惯这个公司产品的用户，有一部分便会选择购买那些收费功能。

而互联网增加的那些收费功能，所付出的成本是多少呢？要知道，互联网公司在完成前期那些免费功能时，已经耗费了大量工程师和技术人员的劳动，并且使用了大量的物理硬件，通过使用这些硬件和工程师再开发一些新产品，与原本的成本相比，其付出的边际成本几乎是零。也就是说，从开始推出收费产品后，基本上就是在付出零成本的情况下，收获来自用户的金钱。

类似的其他行业也是如此，比如多印一张报纸的成本，对报社来说，其增加的成本几乎为零，但是这一张报纸与其他报纸卖着相同的价钱；移动互联网和数码行业就更是如此了。事实上，任何一个行业，只要产品能够实现量化，只要用户群超过了一定数量，都可以实现边际成本无限接近于零。

也就是说，主体越大，边际成本越低。我们时常遇到一些人，他们只顾眼前利益，用眼前的全部成本，去换取短暂的利益，这实际上是十分不明智的。孤注一掷很多时候只是无奈之举，倘若是因为眼前的利益才去孤注一掷，那么便是更加短视的体现。

我们不是完全的理性人，但也应该努力学会用理性人的思考方式去处理问题。当你渴望任何利益时，应该先考虑一下为了这一利益需要付出怎样的机会成本，如果成本太高，就应当果断放弃。但是，如果我们又十分渴望这一利益，那就应当努力去降低其机会成本。如果这一利益只是我们在主要生活中的无关紧要的边际利益，就应当努力增加自身的成本，使得为了得到那项边际利益而付出的边际成本微乎其微。

比如对于很多人来说，任何一场旅游都只是人生路上无关紧要的享受，但是很多人偏偏又渴望这样的享受，它不重要，但令人着迷。那么为了得到这份享受，就要让我们为其付出的成本最好仅仅是生活花销的边际成本。相反，倘若我们尚无法将其作为边际成本，就应当暂时忍耐。

总之，从成本出发，需要时常考虑付出的边际成本是否能换来更多的边际利益。从利益出发，也要考虑为了一部分边际利益会付出多少边际成本。时刻用边际成本的思维方式去衡量一些人生选择，就会令我们的生活，令我们的投资，变得更有意义和效率。

欲罢不能的沉没成本

我向大家提一个简单的问题：你买了一个苹果，咬了一口之后，发现里面有虫子，你是选择把虫子扔掉，然后继续吃剩下的苹果，还是直接将剩下的苹果都扔掉？

如果继续吃掉，心里总会想，不知道这虫子有没有在苹果内留下什么对身体有害的病菌；但如果扔掉，那买苹果时花出去的钱可就白费了。如同鸡肋，食之无味，弃之可惜。

人类的天性是厌恶损失的，任何东西一旦拿在手里，便无论如何都不愿意失去。既然拿到手的东西就要让其发挥价值，否则便是浪费，这是深存于人类社会的观念。

但是，是否真的是浪费呢？回到开始的问题，那个苹果，如果为了避免浪费而强行将剩下的部分吃下去，极大概率会引起肠胃的不适，同时因为吃下了一个有虫子的苹果，还会引起心理上的不适；如果将苹果扔掉，看起来是损失了买苹果的钱，但事实上，不论将它吃下去，还是扔掉，买苹果的钱都已经不在钱包里了。从买到苹果那一刻开始，这个交易便已经结束，后续不论发生什么事，都与这场交易无关。也就是说，不论你怎样处理这个苹果，都不会影响到之前的那次交易，你将苹果扔掉，还是将它吃下去，你的钱包都不会有任何改变。而比起扔掉，显然将苹果吃下去会让你付出更多的代价。

不过，换个角度想，虽然钱财没有发生变化，但这个苹果原本的意义就是要买来吃掉的，没有吃掉这个苹果，便是浪费了苹果本身的价值。

这个结论并没有错，不吃这个苹果的确是浪费了苹果本身的价值，可吃掉苹果对自己也没有任何好处。这时候面临的权衡取舍便是，是否应当为了自己身体的健康而舍弃这个苹果的价值？

这便是我们要讨论的，沉没成本的问题。

这个苹果的价值便是沉没成本。保留它只会让事情变得越来越糟，在这种情况下，就应当放弃它本身的价值，放弃曾经为它付出的成本。

我们所说的沉没成本，便是指过去已经付出过的，但对未来毫无作用甚至会产生副作用的成本。当我们需要做决定是否放弃过去那些成本时，首先需要考虑的应当是未来的发展。如果过去付出的成本并没有任何成效，未来也看不出任何有成效的可能，那么就应当停止在那个项目上继续付出，忍痛割弃为其付出过的一切。

沉没成本之所以是一个我们需要时刻注意的问题，是因为损失厌恶决定了我们在做决定时经常容易着眼于过去。如果我们在一只股票上投资了太多钱，我们便不愿意轻易放弃它，哪怕它始终在走下跌路，我们还是希望继续留着它，等到它东山再起的那一天。尽管内心很清楚，那样的机会很难出现了，可我们仍然不愿意把里面仅有的钱收回来，因为我们已经损失了太多，卖出这只股票意味着那些钱再也回不来了。这样的心态决定了人们往往在一条错误的道路上越走越远。

在经济学的世界里，理性人是不会在决策时考虑沉没成本的，因为理性人并不会惋惜自己的付出，理性人只会冷静地选出最合适的那个结果。但是现实的人是活生生的，时常容易受到沉没成本的迷惑。即便是企业，在决策时也会对过去投入的成本有所顾及而不舍，一个已经投资太多的项目，很难有哪个企业会轻易彻底放弃掉。

因此，我们必须要看清楚沉没成本的真实面目，要明白其会对我们产生怎样的负面影响，要知道放弃它的必要性。

在众多种类的成本中，沉没成本属于历史成本，是无法改变的成本，它并不会因为现有的决策而增多或者减少，它是你已经付出过并且再也无法收回的成本，当计算接下来的机会成本时，无论如何都不应当将其计算在内了。比如那个苹果，你为苹果花过的钱，之后不论你是否吃这个苹果，那些钱都不可能回得来。所以当你决定是否吃这个苹果时，绝对不应当将买苹果的钱计算在内，你只需要计算吃这个苹果付出的机会成本与不吃这个苹果付出的机会成本，通过比较得出最终结果。吃这个苹果付出的机会成本是引起肠胃疾病的可能，不吃这个苹果付出的机会成本仅仅是没有享受到这个苹果可吃的部分，与买苹果时花了多少钱毫无关系。

因为对沉没成本的不舍，时常导致人们浪费更多的成本。因为不想损失花过的钱，为了那些钱反而令自己承受了更多的损失。比如有人花钱买了电影票，进了影院后却发现这场电影十分糟糕，可为了不浪费电影票钱，硬是让自己坚持看完了整场电影；有人花钱买了一份外卖，却发现饭菜很难吃，为了不浪费花出去的钱，仍然坚持将这饭菜吃完了；有的人买到了一份颇为可口的饭菜，但是吃了一大半后便已经吃饱，为了不浪费剩下的东西，仍然坚持将整份饭菜吃光，最后被撑得十分难受。

这种现象，被称为“沉没成本谬误”，指的是为了不浪费沉没成本，而继续浪费更多成本的现象。它也被称为“协和效应”，英国和法国政府曾经在考虑是否继续为协和式飞机提供资金时，因为不愿意浪费曾经在这一项目上的投资而始终犹豫不决，当时的经济学家认为这种飞机在未来已经不可能带来任何的经济利益了，英国政府甚至私下称这个项目为“商业灾难”。从一开始，就不该为这个项目投入任何金钱，然而，尽管英法政府都有了放弃这一项目的想法，但始终没能停止下来。你看，即便是国家政府，都很难逃脱沉没成本谬误的控制，足以说明这一现象在经济活动中有着怎样难以撼动的力量。

对于个人而言，无法舍弃沉没成本，往往出于自身对损失厌恶的心理；但是对一个企业，一个国家而言，同样无法舍弃沉没成本，这已经不仅仅是个人心理可以解释的了。这其中还涉及一个问题，那就是沉没成本是否真的是沉没成本？是否被我们判断为沉没成本的部分日后还有翻身的可能？人的本性是不愿意舍弃已付出的成本，所以在做出判断时，往往容易心存侥幸。尽管所有经济学家都告诉我们沉没成本必须放弃，但只要有一线希望，我们就会暗示自己那些可能并非沉没成本，我们就有可能铤而走险。

当人们抱有这样的心态，那么在判断是否舍弃原本付出的成本时，便会迷失自我。因为谁都不能百分之百确定是否会有奇迹发生，万一将沉没成本舍弃之后，偏偏发生了奇迹，那时只会令人懊悔不已。但我们要知道，有时候奇迹就是俄罗斯方块里的竖长条，可能直到整个游戏彻底输掉，它都没有出现。放弃沉没成本固然是令人心痛的选择，但是空守着一个遥遥无期的希望，更是一种煎熬。

有些人会无视沉没成本谬误而一直抱有希望，往往是因为他们时常看到一些能够给予他们希望的事例。比如，别人坚持买彩票几十年终于抽得大奖，于是他也如法炮制，支撑他的除了有一夜暴富的幻想，还有其他真的中了彩票的那些“感人”故事。

真的有人坚持十几年终于中了大奖？真的有人坚守一只没有希望的股票忽然成了富翁？真的有人在一个毫无希望的岗位上工作了几十年却最终遇到一个神奇的机遇从此飞黄腾达？……

既然这样的故事层出不穷，那么同样的故事就有可能发生在自己身上。当有人告知他们不应该继续了，应该放弃那些沉没成本，重新开始时，他们会反驳说：“你怎么就能完全确定我这条路以后不会迎来光明呢？”“这世上总有幸运的那一个，为什么不能是我呢？”都说坚持到底就是胜利，那么继续投入，谁说不会真的成功呢？

事实上，沉没成本是否真的有机会变为有价值的成本？答案是肯定的。被判断为沉没成本的部分的确有可能变废为宝，出现新的机会，但决定这一点的不是运气，而是真正的深谋远虑。

仅仅是等待运气到来的那天，让自己付出的一切彻底得到回报，这并不是理智的判断，这只是赌徒的心理。对赌徒来说，从他输掉第一场赌博开始，便无法抑制想要得到回报的心态。于是他继续投入，继续投入……最终换得的是倾家荡产。这个赌徒将自己的整个人生交给了无法确定的运气。当然，他有可能真的赢了一盘，彻底扭转局面；也有可能一败涂地，但不论是成功还是失败，决定这一切的都只是未知的运气。

一个赌徒，他可能早已失去了一切，就算他输了，赔掉的也仅仅是自己的整个人生；可一个企业，一个国家，又怎能将一切都交给运气来裁决？人们之所以发展学科，努力在各种领域实现更多的突破，就是为了可以将命运掌握在自己的手中，将更多的不确定性变成确定性。比起运气，科学的分析永远更加稳妥。

当然，如果能从一开始就减少，甚至避免损失，那是最好不过了。所以，当打算在任何一件事情上投入成本时，不妨也先想一想，这些投入是否最终会变为沉没成本？

当选择一只股票时，如果对这只股票并不能抱有足够的信心，那么就不应该在上面投入过多，或者干脆就不要投入。而比起这只令人没什么信心的股票，显然那些平稳发展但收益不多的股票更值得人们去青睐，不过即便是这类股票，当遇到整个经济市场下滑时，也很难独善其身。所以，对于那些整天幻想一夜暴富的人来说，最好从一开始就不要接触股票，除非你真的已经掌握了股市规律，并对自己的眼光有着十足的信心。

企业想要发展一个新项目时，也会先小规模试水，几乎不会有哪个企业一开始就在一个新项目上投入大量资金，这也是为了尽量减少损失。如果项目并未成功，企业还能及时抽身而退，使放弃的沉没成本也相对在可以接受的范围内。

但沉没成本也并非只能给人带来负面影响，事实是很多商家都利用了顾客的沉没成本心理来制定商业策略。比如，有些商家会在前期通过会员制给予顾客许多优惠政策，顾客通过商家购买越多的东西，就会获得越多的优惠。这样，顾客便会习惯继续在这个商家那里购买相应的物品，因为他们在这个商家那里的会员身份为他们带来了足够的满足感，如果放弃这些商家，也就放弃了那些优惠，而那些优惠都是自己通过过去无数次的购买行为累积得来的，如果放弃，那在顾客看来，就是莫大的损失。这样，商家与顾客之间便形成了更加稳固的关系。

许多商家都深谙人们对什么东西投入越多便越难以放弃的心理，因此他们经常在顾客的前期投入上大做文章。比如，有些商家会在前期提供给顾客一些免费体验，当顾客用习惯之后，再加入一点收费项目，有些顾客会选择购买，有些会继续观望，而到最后，当商家完全开始收费时，顾客已经很难临时更换其他商家了。

反过来，当企业希望鼓励员工更加积极工作时，往往也会采取类似措施。比如，很多企业并不仅仅采取员工做多少便拿多少奖金的机制，他们还会设立全勤奖，只要员工当月全勤，便能拿到这份奖金。于是，员工只要在这个月的前十天认真上班，之后的日子里就算产生了消及的心态，也会舍不得放弃这份奖金了，因为之后只要有一天请假或迟到，之前的全勤就全都白费了。

人们自己也可以将沉没成本作为鼓励自己的一种方式。比如，很多开始健身的人，都会投入大量金钱购买器材，还会花学费请私教，在这样诸多投入的基础上，如果健身没有坚持下来，那就太浪费了。因此，正因为有这样多的投入，才使得很多人没有半途而废，每天都会坚持练习。并且，这种前期投入很多的人，通常最后都能够成功拥有自己想要的健美身材。

减肥者也是如此，许多人在减肥前都会购买许多只有减肥成功才能穿下的衣服，在不能浪费这些衣服的心态的鼓舞下，他们在减肥过程中也会投入更多的意志力。

我们在工作中也是如此，当在一份工作上投入太多时，我们往往只会继续在这个岗位上努力下去，虽然有时候跳槽也是个不错的选择，但是只要这份工作还有上升的空间，就应当努力坚持下去，一旦跳槽，在原单位的所有努力就都白费了。

孤注一掷有时候并非是坏事，之所以孤注一掷，是因为真的想在这上面获得胜利。有时候，我们付出越多的前期成本，就越会在这上面更加努力。很多人在学校里并不怎么积极学习，也不怎么参加活动，但对于自己花钱付学费的一些课外培训，就表现得十分认真，对于一些自己交了会费的活动组织，也非常积极地参加，这也是一种沉没成本效应的反映。

那么下一次，我们希望自己或者其他人能够对某些事情做得更出色时，不妨增加前期的投入。

而且并非所有沉没成本都是无法挽回的，有一些成本是可以通过努力变得有价值。所以，当判断沉没成本时，我们也要分清楚，明确这是一份可以挽救，并且应当挽救的成本，还是仅仅将希望寄托在运气上的赌博。

成本与收益的分散决策

跨期选择是指人们对不同时间点的成本和收益进行选择的过程。

在经济行为中，人们时刻面对着权衡取舍的问题。多数时候，我们面对的是，吃一个面包还是吃一个苹果，是出门还是留在家，是买红色的包还是蓝色的包这一类的问题。或者，涉及边际成本和边际利益时，我们还要考虑是再吃一个蛋糕，还是不吃这种问题。但是，在人类行为中也有一些选择并非是两边都摆在同一时间的。有时候，我们面对的是现在吃一个面包，还是几个小时后才吃这个面包。这种选择项存在于不同时期，便是我们所说的跨期选择。

请你先来回答一个问题：摆在你面前的有两个选择，今天给你100元与明天给你101元，你选择哪一个？或许今天和明天距离太近，不好选择，那么稍稍将时间拉远，今天给你100元，和一个月后给你101元，你会选择哪一个？很多人的第一反应，都是选择要今天的100元。

那么请你再回答一个问题：一年后给你100元，和一年零一个月后给你101元，你会选择哪一个？这么看起来，似乎答案很明显了。

其实两个问题并没有什么不同，唯一的区别只是选择者所站立的时间点，可为什么给人的印象差异却如此之大？

经济学家关于人们在不同时间点上的选择问题研究了很久，最后得出的结论是：人们对于每个时间点上的相同事物的获益判断是不同的。也就是说，很多时候在跨期选择的问题上，人们往往并不只是考虑现实成本问题，也会将其所在的时间点考虑进去。

举一个最简单的例子：当你十分想吃一个汉堡时，你会愿意等到10年后再吃这个汉堡吗？没有人会那么愚蠢。但事实上，现在吃汉堡和10年后吃汉堡，对你而言的收益是完全一致的，甚至10年后的那个汉堡可能会因为时代的进步而更加美味。可你还是选择现在立刻吃掉这个汉堡，因为你的食欲要求的就是此刻的满足。而且从个人角度来看，现在吃下这个汉堡，便满足了当前的食欲；如果选择10年后再吃，那么就要为了吃到那个汉堡而付出自己忍受10年食欲的机会成本。这样比较来看，似乎选择立刻吃下汉堡的利益才是最大化的。

跨期选择要探讨的便是这方面的问题——除了事物本身的机会成本，再将事物所在的时期结合，通过各方面考量，最后确定出最佳的选择。

一部已经拍好的电影，应当选择什么时间上映，才能获得最好的收益呢？我们都知道，即便一部电影已经得到了许可，也跟影院达成了合作意向，也不可能立刻安排上映。因为电影必须要寻找到最适合上映的时间点。首先，同期不能有其他同类题材的优秀电影上映，否则会抢去一部分票房；其次，电影上映时要保证大部分人都能有时间去看；最后，这个电影的题材要刚好让大家都对它感兴趣，也就是要选择一个大家愿意为这个题材去买单的时期。几项考量之后，这个电影的上映时间可能距离拍摄好有好几年了，但是，只要上映后能够收获不菲的票房，这样的等待就是值得的。

不能太早，也不能太晚，在跨期选择中，也并不意味着越晚的选择就越是正确的。如果等待的时间超过了那个最恰当的时间点，那么很可能连等待的过程都会变成沉没成本了。

一个企业的商品，如果太早投入市场，可能会因为市场尚不成熟而失败；如果投入太晚，则可能因为商品的理念过时而无人买账。有时候，交易不仅仅是平面的行为过程，它也是立体的，是要将整个时间因素考虑进去的。

一个人希望在有生之年出去旅游一次，但是因为种种原因，他始终没办法顺利走出去。一开始，是因为金钱储备不够，而他又不希望因为自己的私人欲望而去向亲友借钱；后来，因为工作繁忙，总是抽不出时间；再后来，由于身体不适，无法顺利成行。到头来，都一把年纪了，这场旅行计划始终未能付诸行动。

很多人在他的生命里都会遇到这样的事情，他十分想做一件事，可他总是无法去做，甚至一直到生命的最后，他都没有找到一个合适的机会去尝试。关于人生的某个计划，有的人在等待一个最好的时机，但那个时机似乎迟迟不来。或许并不是时机未到，只是这个人并没有给予这件事一个明确的选择，并没有给它一个确切的时间点，把这件事存在于未来，并且永远存在于未来之中了。

明智的做法是，衡量未来每个时期的机会成本，通过比较，为其获取一个利益最大化的时间点。

跨期选择的情景会出现在各种各样的决策中，对不同的决策而言，选择的结果也是不同的。选择短期内的收益也未必是不划算的，选择长期后的收益也未必就是明智的，任何情况，都要具体问题具体分析。

当今时代是一个无房便生存艰难的时代，许多年轻人奋斗的第一目标便是可以有一份属于自己的房产，但是，房价总在上涨，有时候当一个人好不容易存够了钱，却发现房价已经翻了几番，懊悔的同时也只能继续努力工作。

然而，对于在某些大城市生活的人来说，哪怕工作一辈子，都未必能赚够买一套房子的钱。一个人可以攒一辈子的钱，而当他终于能够买下当时价位的一套房子时，他也年事已高，最多只能在这房子里住上十几年了。所以，现在的年轻人开始贷款买房。既然买得起房子的日子在遥远的未来，那么就将未来的钱拿到现在来花，先买个房子住进去，接下来再一点点还钱吧。

这个过程，就存在跨期选择的问题，是选择现在买房，还是将来买房？现在买房，只能依靠贷款，这意味着自己将背负沉重的债务，并且从贷款的利息来看，偿还的数额要比全款买房的数额高出许多。

眼前的需求战胜了对机会成本的计算。所以，也许此刻花几倍的钱来买房子，在当代社会环境下，这个选择却是完全合情合理的。

当然，对于目前的市场经济来说，贷款买房还涉及一个房价上涨的问题，越晚买房，房价就极有可能会越贵，与其等待房价不断向上攀升，倒不如及早下手，越早下手，损失就可能会越小些。

因此，跨期选择还涉及成本变化的问题。一件事在不同时期的成本是不同的，要选择在成本最低的时候下手，这也是跨期选择需要考虑的事情。

对于未来的任何规划，都要记得将成本的变化考虑在内。一个外贸企业，既然要经常与国外进行商业往来，那就要时常关注政治动向，最起码要对未来的国际关系有所预期。比如，一个企业已经提前跟国外的代理商达成未来几年的交易，可就在企业在这个项目上投入了大量人力物力的期间，那个国家跟国内的关系因种种原因冷却了下来，两国政府都开始对彼此的贸易有所限制，这个企业的商品很有可能就这么积压下来，造成不可估量的损失。

成本和利益在不同时期发生变化的例子不胜枚举，尤其在这个快节奏时代中，需得时刻擦亮眼睛，看清楚市场的发展规律。社会上流行起某种文化，于是便有厂家开始大量制造相应的产品，但当商品被投入市场时，那股流行风有可能已经过去了，这些产品已经不再受青睐，厂家最后只能将这些产品封在仓库，或者销毁处理。

只是，人们往往很难看清楚未来会有怎样的变化。

我们又如何去做决策？如何去进行跨期选择呢？不可控的事情，我们自然不能去准确计算，但至少我们可以去计算在概率下可控的事情。在概率下不会发生什么天灾人祸。我们未来的工资数目是可以预见的，那么，假设一切都平稳进行，那么当短期收益比长期更大时，就选择短期收益；如果长期收益更大，就选择长期收益。只不过，选择长期收益时，必然要将其中的不可控的变化考虑进去，因此这样的投入便不适合孤注一掷。

股票、基金等便符合这种情况，即便经济市场一切平稳进行，在股票、基金的市场上仍然有可能发生大变动。因此，尽管你的投资看起来能够有不错的长期收益，但为了避免不可控变化所带来的巨大损失，最好还是选择只将可以承受其变为沉没成本的那一部分成本投入其中。

当然，以上的分析角度和所列举的例子，都是在理性分析之下的跨期选择。实际上，跨期选择作为心理学上的一个现象，其分析更多的是非理性情况下的选择。在现实生活中，人们选择立刻吃那个汉堡时，并没有经历什么眼前的食欲和打折的成本的比对，他很有可能只是在冲动之下做出这个选择而已。他知道过几天汉堡会打折，但他根本想都没想，只是在食欲的驱使下，立刻做出了吃汉堡的选择。

在心理学中，跨期选择往往出现在人们不由自主的决策里，对于未来的短期收益和长期收益，往往不是通过理性的比对，而仅仅是出于心理上的惯性罢了。立刻给你 100 元，还是一个月后给你 101 元，人们更习惯于选择现在的 100 元，但并不是因为他们不能确定一个月后是否能得到那 101 元，前提是一个月后的钱是百分之百能够得到的，但人们还是选择现在的 100 元，因为本能上让他们更倾向于享受当下的利益。

这就涉及时间贴现的问题，也是跨期选择中最重要、最值得行为心理学去探索的模型。

时间贴现：眼前效应与现实效应

关于跨期选择的问题，一个最常见的模型便是时间贴现效应。时间贴现，可以说是经济活动中所有非理性行为里最典型的模型之一。

跨期选择，是基于不同时期的成本和收益，通过权衡之后做出的决策。有趣的是，在人类活动中，当人们进行跨期选择时，却往往并非真的通过理智的分析去进行决策，多数时候，人们只是通过自身对时间贴现率的高低而进行决策。

时间贴现率，简单地说就是依据个人感受，对不同时间点的决策成本和收益高低的判断。当时间贴现率高的情况下，人们更容易对短期内的利益判断为更高一些，哪怕事实可能是它其实没有那么高。

尽管人们都知道，101 元要比 100 元多一点，但是选择今天得到 100 元，还是一周后得到 101 元，人们往往都会选择前者。在不考虑利率和货币贬值的情况下，这是一个有点愚蠢的选择。但在当事人看来，他更注重当前的得到，胜过一周后的利益。换句话说，时间贴现率在当前和一周后是不同的；或者说，一周后的 101 元对这个当事人来说，已经被打了折扣，远远不如当前这 100 元来得更诱人。

正是因为这种偏好，才使得在跨期选择行为中，人们时常会做出一些不可思议的决定。

曾经有人给幼儿园里的小朋友做过一个实验：在他们的面前摆放一小块巧克力，并告诉他们可以现在就吃掉这块巧克力，但如果你没有吃掉它，那么两个小时后，你还会得到一块巧克力。

这是一个很简单的选择问题：不等待，只能吃到一块巧克力；等待，却能吃到两块巧克力。当然，如果是让成年人来选择，绝大部分人都能做到等待两个小时来获取更多的利益，但是绝大部分小孩子并没有这样的忍耐力。结果就是，参与实验的小朋友中，只有少数几个人拿到第二块巧克力。

关于这个结果，人们可以说，这是因为小孩子缺乏毅力，无法抵御眼前巧克力的诱惑。但事实上，从心理学的角度来说，这个现象说明，人们总是对眼前的利益过于看重，哪怕他们明明知道未来还能有更多的利益，可他们还是选择先顾及眼前的利益。

如果你的身上只有 100 元钱，你是立刻使用这 100 元钱买下自己很多天前就想吃的那个汉堡，还是将这 100 元钱作为资本，去购买一些小物件，到公园门口摆地摊儿，最后赚到 500 元，然后再去买汉堡？

当你明明可以获取更多利益，却因为眼前利益而做出错误选择时，你就陷入了时间贴现的陷阱。有趣的是，对不同的人来说，时间贴现率的高低也是不同的。

例如上面关于吃巧克力的那个例子，对于那些立刻吃下眼前巧克力的孩子来说，他们的时间贴现率就更高一些；而对于那些会等待一段时间，但并没有等到最后的孩子来说，时间贴现率就比前者要低一些；而对于那些能够一直等到另一块巧克力到来的孩子来说，他们的时间贴现率就是相当低的。

简单地说，时间贴现率较低的人，他们更能够在跨期选择中做出获得利益更大的决定。在眼前小利益与长久大利益之间，他们更能选择长久的大利益。

造成这一结果的原因，也许与基因导致的大脑构成有关，但随着一个人的成长，影响时间贴现率高低的因素，也包括一个人的理性思维能力。

比如，一个人在幼年时可能会选择第一时间吃掉巧克力，但在成长的过程里，当他了解到跨期选择与时间贴现这一概念，当他掌握了足够的传统经济学与行为经济学的知识，那么，当他再进行类似的选择时，就会更倾向于选择长久的高收益项目。

在心理学上，时间贴现理论往往被用于研究成瘾人员的行为方式。我们知道，成瘾包括物质成瘾与行为成瘾，其中物质成瘾又包括药物成瘾以及酒精、尼古丁的成瘾。在对物质成瘾人群的研究过程中，研究者发现这些人的时间贴现率往往是高于非成瘾人群的水平。也就是说，一个对某种物质成瘾的人，他们在面对其他跨期选择问题时，选择眼前大利益的概率也更高一些。

这个结论可以说明，物质成瘾这件事本身与时间贴现率高这一现象是相辅相成的。因为时间贴现率较高，所以会更重视对眼前物质的享受，从而忽略了对健康的伤害。

当然，对物质成瘾尤其是药物成瘾的人来说，他们的生理结构已经遭到破坏，很难仅仅靠意志力去克服戒瘾；但是对一些上瘾还不算严重，或者还处于早期接触并未明显上瘾的人来说，用理性的知识来降低自身的时间贴现率的感受，还是很有必要的。

行为成瘾则是另外一种状况。行为成瘾主要包括赌博成瘾、暴饮暴食和网络成瘾等。与物质成瘾的区别在于，行为成瘾完全是心理上的问题，如果说物质成瘾还有物质在体内产生化学反应而导致生理上出现依赖性的话，那么行为成瘾就只是从心理上去依赖一些事情了。

一旦成瘾的状况产生，生理上也必定会发生一定的变化，但最开始的成瘾契机仍然还是心理因素占据主导。根据临床上的数据，行为成瘾者通常的时间贴现率都高于常人。也就是说，一些赌博成瘾或者暴饮暴食者，在面对金钱的选择上也更容易选择眼前的小利益。

从成瘾这件事本身来看，也很容易明白造成这种现象的原因。从一开始，这个人会暴饮暴食，就是因为对眼前享受的重视程度远远大于对长远利益的看重。或者说，当这个人看到眼前的利益时，他几乎无法考虑到任何关于长远利益的东西。

如果一个暴食者意识到暴饮暴食后会引起身体上的不适，还会造成身体出现各种疾病的状态，他是否还会选择吃下眼前这些东西呢？当然，如果他能够放弃这些食物，他也就不是暴饮暴食者了。明明清楚一切后果，为什么还会暴食？一个根本的原因就是，当时的他已经不受任何理性控制，他屈从于肉体上的食欲与生理上的渴望，即便理智不断在告诉他这样只会给自己带来伤害，他还是将理智丢在了一边。尽管我们都知道，满足当前的欲望对后续的伤害是长远的，可对于时间贴现率极高的人来说，他根本看不到后续的伤害。

而这也正是行为经济学探讨时间贴现这一理论的原因之一：尽管经济学上都是以理性人作为参照去分析问题，但是实际的人在很多时候是缺少理性的，甚至是完全丧失理性的。

传统经济学根本无法解释，一个人明明已经患糖尿病，却还要冒着风险去吃甜食，也无法解释一个极度肥胖的人，却仍然每天吃着高热量食物……这些事情都是经济学中的理性人根本不可能去做的事情，因为支配他们的往往不是理性。

但是，即便一个人已经完全失去了理性，他的任何行为也能在心理学上有迹可循。比如，一个赌博成瘾者几乎已经输得倾家荡产，却还要继续赌下去，我们当然知道此时的他已经失去了理智，但这个失去理智后做出的行为也贴合了行为经济学中的损失厌恶理论。而暴饮暴食者、吸烟者会做出伤害身体的行为，也是因为在跨期选择中，他们无限放大了眼前利益，并无限缩小了未来的负利益。

对于已经成瘾的人来说，他们只能依靠科学的手段去戒瘾，物质上的成瘾要靠药物的治疗，精神上的成瘾则要依靠一定的心理干预；但对尚未成瘾，或即将成瘾的人来说，了解时间贴现理论就十分重要了。通过了解时间贴现理论，我们在做出选择时，就可以清楚判断，对一个选择的倾向究竟是基于理性的思考，还是基于时间贴现产生的错觉。

拖延的产生，也是时间贴现的另一种体现。与利益不同，人们会去拖延的事情都是会令自身有所消耗的事情。这种消耗可能是生理上的，也可能是精神上的。在面对利益时，人们倾向于先获得眼前利益，对于距离自己较远的时间点上的利益则不会产生太大偏好。而在面对损耗时，人们则倾向于先去做损耗较小的事情，将损耗较大的事情留给距离自己较远的时间点。因此，当人们需要去做一件会令自己有所损耗的事情时，则会本能地将这件事情交给距离现在稍远一点的时间点上的自己。如果这件事有一个时间期限，那么，人们则会尽量将这个事情交给临近期限附近的那个时间点上的自己。

于是，拖延就产生了。人们在经过拖延后，总会产生悔意，那是因为最后完成任务时，这个人已经来到了被自己推到那里的时间点，在那里他发现，这个任务做得非常匆忙，且非常疲惫。当任务完成，他又觉得如果这个任务在一开始就将其完成，那么自己会很轻松。

其实后悔这个心理也是时间贴现的一种体现。因为在他为了做任务而进行损耗时，他又开始回过头怀念从前的那个时间点了，认为这个事情应该发生在当初的时间点上。总而言之，这个让他产生消耗的事情，要么应该发生在过去，要么应该发生在未来，总之不应该发生在现在。

一个热爱美食的人，当眼前有一份他青睐的美食，他是不会对享受美食这件事拖延的。而一个热爱旅游的人，他也不会对走出家门这件事拖延。有些人，或许他们会对自己十分想做的事情产生拖延，或者说想做这件事只是一种愿望。他做这件事本身仍然会让其产生损耗，因此，他还是会倾向于将这件事交给未来的自己去做。

但我们都知道，交给未来去做，或者后悔过去没有做，这种心理都不过是时间贴现的错觉。如果能够意识到任何一个时间点对自己的意义都完全一致，那么拖延的习惯就会大大地得到改善了。

关于时间贴现的问题，有两种状况：一种就是如上所说，对眼前的利益与对长期利益的比较；还有另外一种情况，是关于持续性的选择，也就是关于数列的选择。

比如，第一天给你 10 块钱，在接下来的一周里，每天在前一天的基础上增加 10 块钱，每天的钱数是按照 10、20、30、

40……这样排列，或者第一天给你70块钱，接下来每天给你60、50、40……这样排列，两种方式，你通常会选择哪种？

如果按照前面的理论，人们往往会选择眼前利益而非长远利益，那么在选择数列时，理论上应当选择递减数列，也就是第一天拿到最多钱的那一项。但是事实上，数据表明，人们更倾向于选择递增数列。也就是说，在跨期选择问题上，人们对于单时点的选择和对多时点的选择，具有不同的倾向性。

如果是损失，那么人们则更倾向于递减数列，也就是说会选择一开始损失最大，接着损失一点点减少的方式。这与单时点选择也是相反的，在单时点的跨期选择中，人们更喜欢选择当下的损失小，远时间点的损失大的方式。根据研究证明，之所以会出现这样的差异，是因为人们在面对多时点的选择时，会更注重序列的整体性，而不是仅关注其中的一个时间点。

由于选择者是将整个序列当作了一个整体，那么也就不存在对哪个时间点产生心理距离的问题。因为整个序列都是在当前的时间点上开始产生的，这种时候，人们希望得到的越来越多，损失的越来越少，这种心理偏好就会发生作用。

如果说，跨期选择只是在不同时间点上的选择问题，根据理性的分析，选择当前或者选择长远都可能有利或者有弊，那么时间贴现则完全是人们心理上的错觉。

回到本节最初，关于那个幼儿园里巧克力的实验，其实，如果排除掉时间点的因素，或者说将两个时间点全都放在一个平行的位置上，就会发现这只是一个选择一块巧克力还是两块巧克力的问题。聪明的人当然会选择两块巧克力。幼儿园的孩子们大部分都选择了吃掉眼前的那个，就是说他们选择了一块巧克力，这并不是因为他们不知道两块巧克力更多，他们只是被发生在不同时间点上的选择所迷惑，因为他们的智力尚没有发展到可以判断这个问题的程度。

对暴饮暴食者要选择的，并不是吃还是不吃，他们要选择的是吃下这些东西，还是拥有健康的身体。因为伤害健康是处在遥远的时间点上，所以容易被他们忽略，那么，我们就将那个时间点拿到面前来，将它与食品放在一起进行选择。

对拖延者也是如此，将所有时间点都放在当前的时间点上，他们的选择不再是现在做这件事，还是几天后再做这件事。他们要选择的只是做还是不做，如果选择了做，那么就将这件事放在一个最恰当的位置上去。

经常提醒自己，不要被时间带来的心理距离所迷惑，那么时间贴现率也会一点点降低下来了。

Behavioral Economics
Managers' Irrational Behavior

第三章

理性思维与心理错觉

自我控制：有限意志与过度消费

自我控制指的就是一个人通过理性控制自己行为的过程。在心理学上表明，一个人自我控制的意志是有限的。尽管很少有人给自控力和意志力一个明确衡量的方式，但一个人在一段时间内能够用来自我控制的意志资源并不是源源不断的。

很多减肥的人都有过这样的经历：他花了一周的时间控制饮食，所有高热量的食物都不吃了，不论他多么喜欢那些奶油蛋糕，他都不会吃上一口。一周后，他成功瘦下来 3 公斤，但是忽然间，他崩溃了，他又冲向那些蛋糕，开始吃个不停，连续吃了几天。于是，不但之前减下去的 3 公斤回到他身上，甚至他的体重比减肥之前又重了很多。这样的人往往被周围的人嘲笑，他们自己也很悔恨，在暴饮暴食几天之后，他痛定思痛，再次节食。

其实，这并不是什么要被嘲笑的事情，会忽然暴饮暴食也不是一句意志不坚定就能完全概括。事实上，就是在之前那一周之内，他耗尽了自我控制资源，失去了自我控制的力量，他才终于再次被食欲占领。

在这个理论中，自我控制资源被看作一种有限的心理资源，就如同肌肉力量一般，一个人的自我控制资源的多少直接影响到了他在自我控制行为中的表现。

自我控制资源往往并不只应用于一个领域。一个人的自我控制资源，在任何需要自我控制的行为上都是通用的。比如，一个人通过意志力让自己按时完成工作，这时候他就失去了用在控制体重上的自我控制资源，因此他就会在不知不觉中将自己吃胖。所以，很多人在工作繁重的时候都容易长胖，那些工作越忙越瘦的人，往往是本身对食物就没有太强烈的渴望，不需要去挪用自我控制资源来刻意控制饮食。

总结来说，自我控制资源有这么两个特点：

1. 有限性

也就是如前面所说，在一定时间内，自我控制资源是有限的，当这些资源被提前耗尽，接下来就很难再去做需要自我控制的事情。

2. 通用性

任何需要自我控制的行为，都是由相同的自我控制资源去实现的。自我控制资源就如同身体里的一块电池，但凡需要自我控制去实现的行为，都得通过这块电池来进行，电池一旦耗尽，就会失去控制。

自我控制资源被耗尽对一个人的影响，不仅是无法完成接下来需要自我控制的行为，并在其他方面也会或多或少地受到影响。

很多人并没有意识到，在生活中有不少事情都是需要动用自我控制资源的。比如，在人前表现得有礼貌，思考问题的速度，讲话时声音的高低……当自我控制资源被耗尽，这些也都会发生不同程度的改变。

研究表明，当一个人的自我控制资源被耗尽，那时他的情绪控制机制也会或多或少失效。比如，一个处于自我损耗状态的人，当他看喜剧时就时常无法抑制要大笑的冲动，或者看悲剧时，也时常容易大哭起来。很多人都有过这方面的体会，当自己疲惫不堪时，精神也处于一个十分脆弱的状态，这时遇到一点小事就容易悲天悯人，看到一首小诗就会落下泪来。

一个人在他的婴幼儿时期总是无故大哭或者大笑，这是因为人的天性就是具备各种各样的情绪。只要情绪产生，作为并没有行为能力的婴幼儿就会立刻将其释放。而随着不断成长，他渐渐学会了控制自己的情绪，很多喜悦或者悲伤的情绪不会被表达出来，虽然很多人会说自己并没有刻意去克制什么，但在本能习惯中，他其实已经下意识地控制自己情绪的释放。但是当一个人的自我控制资源被耗尽，这时候他下意识用于控制情绪的那一部分能量也被掏空。这时，他就有可能回到婴幼儿状态，肆意将情绪发泄出来。

对于自我控制资源被损耗的个体，他的认知水平也会有所下降。我们知道，在做跨期选择的时候，必须得用理性控制自己对较远时间点的心理距离，使用理性让自己明白任何时间点上的选择都是同等效力的。但如果一个人的自我控制资源耗尽，他就容易在跨期选择中做出错误的判断。

这里就体现出了团队合作的重要性。在一个团队中，总有人能保持理智，总有人能在其他人出现冲动时做出正确的判断。也正是因此，在需要做出重大决策时，一个公司总要反复开会，只有通过多人的反复讨论、研究，才能让理智的力量在群体中占据上风。倘若只是一个人在做决策，那么他就很容易在失去自我控制资源时，做出错误的选择。

另外，根据各种研究结果表明，当自我控制资源耗尽，一个人的时间贴现率就会远远高于平时。这时候，这个人就更容易选择眼前利益，也更容易按照习惯去做那些自己平日里有意控制的事情。

我们都知道，当前社会是一个物质大爆炸的社会，到处都存在着诱惑，而消费渠道更是无所不在。如今，甚至足不出户，只要拿起手机，就可以满足自身的消费欲望。绝大多数人都是有消费欲望的，只不过每一个人的消费欲望体现的领域不同。平时在理智的控制下，购买欲望通常不会太强烈，但是当自我控制资源耗尽时，购买欲望就会攀升。相关研究也发现 ，许多人在自我损耗的状况下，都会产生过度消费的行为。

可见，自我控制资源与每个人都息息相关。如果一个人长期处于自我控制资源耗尽的状态下，那么他在情绪和认知上都会异于常人，在工作效率上也必定低于常人。至于在钱财管理上，也很容易出现不该发生的消费。

包括前面所说的跨期选择和时间贴现的问题，当进行跨期选择时，我们首先要排除掉时间点带来的心理距离，那么这就需要与人类本能的时间贴现进行对抗，要保持这样的理智，就必须动用自我控制资源。倘若过早损耗掉自我控制资源，那么在跨期选择中，则很难排除自身的心理错觉。

我们知道，很多错误的决策都是当人处于疲惫状态下做出的，这里的疲惫，不仅仅是身体上的疲惫，更是精神上的疲惫。

在了解到自我控制资源自身性质，以及自我控制资源损耗的后果之后，接下来需要去探讨的问题就是，我们的自我控制资源是如何损耗的，以及损耗后又该如何恢复。

我们已经知道，在一定时间内，自我控制资源是有限的，并且任何需要自我控制的行为都会损耗相同的自我控制资源。而这些行为包括做一些我们不那么乐意去做的事情，以及不去做一些我们迫切想要做的事情。

所以，不论是自发性的行为还是被强迫进行的行为，只要这个过程会让他消耗自己的能量，包括体力和精神力，那就都会发生自我控制资源的损耗。

所以有时候，如果要摧毁一个人的精神，比起严刑拷打，诱惑反而会更有效果。抵御严刑拷打需要动用的不过是自己的忍耐力，但抵御诱惑需要动用自身有限的自我控制资源，一旦资源被耗尽，这个人就会进入失控状态，这个人很可能彻底遵从本性扑向诱惑，情绪和精神力变得极其脆弱。

所以，如果我们希望在进行跨期选择时可以有效自我控制，做出更理性的决策，我们就应当尽量避免损耗太多的自我控制资源。或者，不要在自我控制资源被过度损耗的状态下做出决策。

在工作中，尽量将按时工作养成习惯。一个行为一旦形成一种习惯，在进行这项行为时就不会动用太多自我控制资源。

一个典型的现象是，从假期里回到学校的学生们，他们往往很难迅速进入学习状态 ，至少在开学的前一周，他们都容易走神分心，因为他们已经习惯了无拘无束的生活，到了学校，需要自我控制，将自己投入到紧张的学习之中，就会损耗其自我控制资源。但在开学一段时间后，绝大部分人都会步入正轨，表现出正常的学习状态，因为这时的他们已经养成了习惯。

在其他事情上也是如此。如果一个人每天早晨 6 点都会出门去跑步，那么当到了早晨 6 点时，他通常会轻松地自动起床出门，因为跑步这件事已经成为惯性，他不需要动用自我控制资源就可以将其完成。

养成习惯，让一件原本需要动用自我控制资源才能完成的行为，变成通过惯性就能完成的行为，这是最聪明的做法。

还有一种减少损耗的方式，则是不去做那些需要动用自我控制资源的行为。在一定时间内，不要给自己安排太多任务。比如，在同一天里，又要去学习，又要去健身，同时还要超额完成工作，尽管在计划表上来看，这个安排十分充实完美，但其实这会对自我控制资源产生大量的损耗。

要避开这种损耗，就不要将一段时间内的任务安排得那么满。在一定时间里，你只能控制自己去做那么一两件事，你也只需要专心做好那一两件事，如果你还想去做其他事情，就要给自己足够的时间去恢复自我控制资源。

下面就谈到了自我资源恢复的问题了。即便我们努力控制自己不去消耗太多的自我控制资源，可我们日常的工作和学习还是会不断消耗这方面的资源，如果不去给自己时间进行恢复，那么必定会进入自我损耗的状态。

相关研究表明，自我资源恢复的途径大概有这么几项：

1. 睡眠

睡眠在临床上已经被证明是恢复自我控制资源的重要方式。研究表明，具有充足睡眠的人在戒瘾方面会颇有成效，同时他们在进行需要自我控制的行为时，也会比其他人的效率更高。

2. 放松

与睡眠不同，放松可以发生在任何一个时间段内。在临床上，当个体需要对抗意外打击、处理慢性疼痛，或者面对危险时，放松都会被作为一种有效的治疗方式。

研究表明，在完成连续的任务中，如果不时加入放松性质的打断，会有助于个体后续完成任务的效率。关于具体的放松方式，心理学上目前主要提供的是冥想。冥想在抵御自我损耗方面具有十分强大的效力。其实，哪一种放松方式在恢复自我控制资源上会更有效，是因人而异的。但可以知道的是，诸如玩儿游戏和看电影电视这类放松方式，都存在上瘾的风险。有些游戏会令人焦虑，有些电影会令人辗转反侧，这种负面情绪反而会妨碍我们的恢复。在所有放松方式中，冥想始终是最安全的，也是心理学家最为提倡的。

3. 积极情绪诱导

根据临床上的实验结果，人为地对个体进行情绪的积极诱导也能帮助人迅速恢复自我控制资源。比如，当一个人处于自我损耗状态，这时候给他看一段喜剧视频，那么他的自我损耗情况就会得到一定的改善。

4. 葡萄糖

葡萄糖对人们自我控制的影响在临床上仍有争议。但也有大量研究证明，葡萄糖水平的高低的确会影响到人们自我控制的能力。而且，低血糖状态下的个体也的确与自我损耗状态个体的行为十分相似，因此，许多人认为，自我控制资源的主要组成成分中就有葡萄糖。

总之，如果一个人希望自己做出的任何决策都是基于理性的，就要避免过度消费，避免在跨期选择中选择对自己利益较小的选项，避免时间贴现心理给自己在选择时带来影响。那么，有效地控制自我控制资源的损耗，以及及时恢复自我控制资源，就显得十分必要了。

伪药效应的强大力量

在医学上，有一种有趣的安慰剂现象，在近些年中，其功效正在与日俱增。

安慰剂，简单地说，就是没有任何功效的药品。虽然说是药品，但事实上，只是用来迷惑病人的障眼法。医生给病人服用安慰剂，并告知病人这是止痛药，病人在服用该种并没有任何药效的药品后，却意外地产生了止痛的效果。

在临床上测试安慰剂的效果通常是采用双盲实验，也就是医生与病人双方都并不知道该药品是安慰剂还是真正的止痛药，双盲实验的结果：服用安慰剂的病人有了明显的止痛效果，表明安慰剂本身起了作用。

会产生这一现象的原因，在临床医学上自然无法解释，甚至在心理学上也很难解释，人们只能推测，之所以安慰剂的效力会增强，与当今社会下人们心理状态的变化有关系。

综上所述，安慰剂效应是一个十分神奇的现象，随着对安慰剂效应的了解，人们渐渐发现，不仅仅是在临床医学上，在生活中的方方面面，其都能产生作用。也就是说，安慰剂效应所代表的领域并非是单一的，构成安慰剂效应的原因，也是来自不同的领域。

1. 时间是最好的良药

当人们生病时，第一反应自然是立刻寻医问药，但其实人体是有自愈功能的，许多时候，虽然人们不愿意承认，但比起药物，其身体的恢复更可能是来自身体的自我治愈。

当然，没有人会冒着病情加重的风险而不去吃药看医生，虽然到最后，他自己也无法确定究竟让他痊愈的是药物还是自身的免疫功能。

2. 主观偏见

不管你承认与否，当面对一个现象时，人们总是会倾向于认为自己的观点才是最正确的，哪怕可能你的观点真的存在各种问题。

许多人在寻求他人意见之前，内心往往已经有了偏向，于是，当对方给出的意见与自己内心的偏向相悖时，自己就很可能会与对方发生争辩，力图证明自己的观点可以打败对方，而当对方给出的意见与自己相符，那么自己也就会对这个意见做出更多的附和。

在安慰剂的问题上也是这样。病人内心倾向于希望自己的病可以尽快好起来，这时候如果医生告诉他，服下这个药他们就能很快好转，那么他们在感知上，也就会朝渐渐好转的方向去发展。反之，如果医生告诉他，他的病不会好转，那么他们也会想尽办法，去反驳医生的见解。

人们在购买行为上往往也是如此。很多人都容易对品牌产生依赖，当一个人在一个品牌的一种或几种产品中获得了良好的感受，那么下一次购买其他产品时，也更容易倾向于这一品牌。在内心里他们会率先认为该品牌的这一商品是优于其他产品的。如果这时候，同时将几个品牌的同类产品摆在他面前，让他去比较做选择，那么，即便他可能会认真去比较、使用，体会使用后的感受，但在最后做选择时，他们大概率还是会选择最开始看好的那一品牌。

事实就是，一旦偏见产生，这种印象就很难消除了，不论这是良好的意义上的偏见，还是糟糕的意义上的偏见。

要扭转个人的偏见是很艰难的。所以当一个品牌在市场上站稳脚跟，那么，只要它没有出现什么太大问题，甚至偶尔出现一点纰漏，人们还是很容易原谅它。而如果一个品牌，因为某种原因，而在人群中有了糟糕的名声，那么这个品牌想重新在市场上立住脚是十分困难的，有时候只能是另起炉灶。

除了品牌本身，人们的偏见也可能来自其他方面。比如，很多人都会在认知里，自动将售价更高的东西归为优秀的那一类。于是在购买物品时，他们会率先去选择价格更高的同类产品，尽管可能价格高的与价格低的没有任何不同，但人们还是会倾向于认为前者在质量上要高出后者一筹。

此外，人们对进口产品的过分偏爱，也可以说是失去了理智。造成这一偏见的原因有一部分来自历史方面。我国的市场经济起步较许多国家都要晚，当我国还处于物质贫乏的时期，一些发达国家的物质生产已经发展得丰富多彩了，而在很多产品上，国外的厂商都比国内的厂商成立得早。因为起步晚，所以国内的很多人在谈起某一类产品时，脑海中浮现的第一印象就是国外的某些品牌。比如游戏永远是索尼任天堂，电脑永远是苹果 IBM，在食品方面，人们也对一些欧美日韩的品牌更加耳熟能详。在这种认知中，尽管国内的厂商也在发展自身产品，但始终给消费者以略逊人一筹的印象。

当然，国内市场经济起步晚是事实，许多产品的开发经验不如国外厂商，很多产品本身的性能也的确照比国外的知名品牌差一些。但是，如果因此认为一切产品都是国外的更优秀，这就是完全的认知上的偏见了。

人人都知道偏见并不好，也都知道偏见是与理智背道而驰的，但在具体问题上，人们还是没办法真的将偏见摒弃到一边。所以，我们在分析一种经济现象时，必然不可能完全通过理智去分析，必须将人们种种微妙的心理都考虑进去。毕竟，社会是以人为本，脱离了人本身去分析任何问题，那么产生的结论完全有可能是脱离真实情况的。

3. 强大的自我暗示

暗示力量的强大，可以直接让人忽略生理上的真实反映。曾经有人做过这样的研究，工作人员让被测试者坐在椅子上，一只手与电刺激器相连接，与此同时，被测试者的眼前会出现灯光的暗示。当给予被测试者强烈电流时，他被告知眼前会出现红光闪耀，当给予被测试者较弱的电流时，被测试者眼前则会出现绿色灯光。这时候，神奇的事情发生了，工作人员在给予被测试者强烈电流时，在其眼前闪耀出了绿色的光芒，被测试者却并没有明显的疼痛反应，他们的反应与弱电流刺激时是同样的。这足以说明暗示对人的影响程度。从心理学上来说，人是完全有可能被暗示催眠的。

在经济领域里，暗示对人们的影响最直观的体现就是广告。许多人不明白为什么厂商每年都愿意在广告上投入大量金钱，甚至超过了产品的生产成本，其实原因就在于，广告对人们的效力，往往远远超出产品本身的功效。

一个成功的广告，关键就在于广告语要简洁、易懂，最好还能朗朗上口，目的就是让人们在日常生活中能迅速联想起这一产品。比如一款啤酒广告，只要能做到在人们聚会时立刻就能想到这个啤酒的品牌，那么这个广告就是成功的。

广告通常会采用一些夸张的效果，尽管根据广告法的规定，当一个广告采用太过夸张的表现时，会提醒大家这与真实情况不符，但夸张的表现仍然会给人们带来直观的刺激。比如一个食品的广告，广告演员在吃这个食品时，展现出了极其享受的夸张表情，那么对观众来说，就会产生这一食品极其好吃的暗示。尽管观众并没有真的吃到这一食品，但他仿佛已经感受到了这一食品的美味。那么下一次，当他在超市见到这一食品，就很有可能买下它。而只要该食品没有难吃到令人无法忍受的地步，那么他大概率会认为这一食品真的如广告般好吃。

服装广告也是如此，服装广告的模特通常都是身材好，长相出众，气质不凡的，当他们穿上各种款式的衣服，看起来必定十分好看，但未必是服装本身的原因，更多的原因在于模特。但是，看到穿上该服装的模特的人们，则会自动认为穿上这件服装的人都会变得如模特般美丽。在这种暗示下，人们就会产生对该服装的购买欲望。

有时候，时尚就是这样产生的。最开始，总有一个原本就十分出色的人给了自己一种装扮。接着，这种装扮就会流行起来。最神奇的是，当这种时尚风气变得流行，不仅仅是采取了相同装扮的人认为自己变得更加好看了，其他看到这种装扮的人也会产生对方变得好看了的错觉。当然，并不排除许多时尚元素的设计本身就是十分具有美感的，但暗示也在其中起到了不可估量的作用。

如果现在告诉你，你的审美在一定程度上是受到了广告商的影响，你可能会不服气。但事实上，一个没有受到任何暗示的人与始终接受来自社会各方各面暗示的人相比，两者的审美观很可能会大相径庭。

比如，很多人都有一种经历：他们第一眼看到一个演员时，会觉得这个演员完全谈不上有任何好看之处，但是当看完一部这个演员出演的电影或电视剧，尤其是这位演员在里面扮演了一个十分可爱帅气的角色时，我们再去看这个演员，忽然就觉得他其实是十分好看的。

事实就是，人的审美是可以经过暗示而改变的。直至今日，人们对许多事物的看法，其实都是受到了广告商多年的影响。一个最简单的例子，就是人们通常认为，粉色的东西适合女孩子，蓝色的东西适合男孩子，而这一认知，最早就是被某生产儿童玩具的厂家所影响的。在厂商宣传让男孩子使用蓝色玩具、让女孩子使用粉色玩具之前，大众从来都没出现过男孩适合蓝色女孩适合粉色这一审美认知。

4. 条件反射

在安慰剂的临床试验中，出现过一个令人匪夷所思的现象。一位患上了帕金森症的病人，医生一直给她服用药物来缓解疼痛。从某天开始，医生将药物换成了安慰剂，神奇的是，在服用安慰剂期间，病人的生理反应完全与服用药物期间相同。当服用药物时，通过测试，发现病人大脑中的某些区域会变得活跃，这种活跃也发生在了服用安慰剂的状况下。就仿佛安慰剂真的对病人产生了药理作用。如果说，病症的缓和是来自身体的自愈，止痛效果的产生则是来自人们的心理暗示，那么这种只有药物可以造成的生理反应竟然也能通过安慰剂来完成，就十分令人不解了。

但科学家仍然对这种现象做出了最合理的解释——条件反射。这就如同巴甫洛夫的狗。当巴甫洛夫训练狗时，会一边摇铃一边给狗喂食物，于是狗就产生了听到铃声就能获得食物的印象，这种印象直接变成了生理性的反应，即便没有食物，当听到铃声时，狗还是会自动分泌口水。

安慰剂也是如此，当病人服用安慰剂时，尽管并没有真的药理作用，但生理上，还是因条件反射而出现了与服用药物时相同的改变。

在条件反射这一点上，安慰剂作用的范围并不仅仅限于大脑。也就是说，并不是大脑先将安慰剂认知成药物，再对身体上的各部位做出相应的反应，而是许多反应都是来自身体的自发。当服用药物与身体产生某种化学物质这一因果关系被联系到一起，那么即便下一次服用的并非真正的药物，身体还是会自发去产生那些化学物质。

人们对安慰剂的了解还十分浅薄，很多人将安慰剂简单归类于心理暗示，这绝对是错误的，其实安慰剂的产生原因来自方方面面，甚至有一些原因已经不仅仅局限在心理学的范畴了。

5. 相互影响

有时候，安慰剂不仅仅对服用者本人有效，对周围的其他人也同样有效。比如，一个人在服用某种安慰剂时有了症状改善的现象，那么其他人在服用该安慰剂时，也会产生症状改善的现象。

前面所说的时尚问题也是如此。一个时尚风气被传播开来，当一个时尚风气占据了社会主流舆论，那么其他人也会自动认为这种时尚元素是美丽的。

6. 情感偏向

有时候，安慰剂效应会出现，与药物本身并没有关系，与暗示也没有太大关系，而是与人与人之间传递的情感有关。虽然这看起来像是天方夜谭，但是在临床上的确会出现得到更多关爱的病人会更容易痊愈的现象。

在医学上也好，经济学上也好，心理学上也好，人们往往更重视理性的逻辑分析结果，却忽略了一点——人与人之间的情感纽带，许多时候会成为改变一切的关键。

很多人都有过一种消费经历，那就是他们消费的原因，有时候并不是因为商品本身的功效，也不是因为价格的低廉，有时候人们之所以选择消费，仅仅是因为商家给予了自己更多的热情和礼貌。

一个周到的饭店老板，总能为饭店揽来更多的客人。一个话语动听的推销者，销售业绩也往往高于那些说话硬邦邦的同行们。人类是很容易被自己的情感所左右的生物，一旦一个人对某个商家产生了情感偏向，那么他就会对这个商家的产品更加青睐。

话又说回来，在医学上，安慰剂作为一种替代药物的治疗方式，已经颇有成效，但在生活中，我们还是应当尽量避免安慰剂带来的错觉。尤其是在经济活动里，一旦产生错觉，就有可能做出非理性的决策。因此，当我们要做出决策时，首先要进行一番认知确定，确认自己是否有受到安慰剂效应的影响，这样的反思还是十分有必要的。

损失的痛苦大于得到的快乐

在经济行为中，许多事情是无法得到确切结论的。比如一些投资无法如物理学、数学那般，只要将所有条件都考虑进去，最后必定就能得到预先计算的结果。市场经济中的一些行为，它们最后产生的结果，很难在最初就精准测算出来，通常都是具有一定的变量和风险。

一项投资，可能最后获得收益，也可能最后血本无归，这些都是投资之前就存在的风险。然而，尽管有着风险的存在，投资者仍然乐此不疲，因为当面对风险时，只要利益能达到一定数值，许多人就愿意去冒险。

但是人们在面对不同风险值和不同利益值时，所做出的决策也是不同的。根据研究数据表明，人们在面对不同的利益得失时，对风险的感知度也不同，当面对可能会失去的风险时，人们往往更愿意去冒险，而当面对得到的可能时，人们却往往会规避风险。

这个表现其实与前面所说的损失厌恶有关。也就是说，比起得到，人们更加在意的是失去，为了不失去，哪怕冒着会失去更多的风险，很多人也愿意去搏一搏。

于是人们发现，即便最后利益的得失是不确定的，但根据具体的经济行为的风险程度与风险形式，通常还是可以预测人们对于风险的接受程度。通过一系列的分析，来描述和预测人们在面对风险决策中的表现，这就是前景理论。

前景理论中的最基础的框架，包括三点：

第一，通常情况下，人们面对获得时，会选择风险规避。

第二，面对损失时，大多数人会选择接受风险。

第三，人们对于损失的敏感性比获得的敏感性更高。

在这一框架下，许多人在经济行为中的表现都获得了解释。比如，当一个人手中已经握有一定的资本，让他在两种决策间做出选择，一种是冒更大的风险，可能会失去原有的所有资本，但也有可能会得到双倍的资本；另一种是不做任何改变，保留住手中的资本的同时略有盈余，他的选择往往会是后者。因为比起得到更多，他们更加害怕失去原有的东西。这种害怕让他们不愿意冒险。

但是，在同样的前提下，当一个人手中已经握有一定的资本，这时候两种决策的结果分别是：一，如果他不做任何决策，便有可能失去这些资本；二，他可能拥有更多的资本或者失去更多的资本，他往往会选择赌一把。因为哪怕冒着失去更多的风险，他们也不愿意就这么眼睁睁看着手中的资本流走。

在前景理论中包含了几种效应，分别解释了人们在面临不同的风险状况时，会做出的不同决策。

1. 确定效应

确定效应，如前面所说，就是在确定会获得收益和冒着风险赌一把之间做出选择，这时人们通常都会选择确定的收益。比如，假设让被测试者做出一个选择，选项是获得 1000 元，或者有 60% 的可能获得 2000 元，另外的 40% 是什么都得不到，这时候被测试者通常选择 1000 元。但是按照传统经济学中的期望值理论，在第二个选项中，2000×60% =1200 元，是高于 1000 元的，理性的选择应当是后者才对。

的确，从概率上来讲，如果让足够数目的人来做选择，如果这些人全部选择第二项，那么最后，大家获得的总共的钱数，必定是大于每个人获得 1000 元的总数目。但问题是，每个人在做选择时，他们不会关注大概率下的共同结果，他们关心的是自身的风险。对一个人来说，不论获得收益的概率有多高，都无法与对一无所获的恐惧相比。所以，面对这种情况，他们更倾向于见好就收。

这就是在经济行为中，大概率下的选择与个人选择的不同之所在。在群体行为中，通过概率计算，能让每个人平均得到高收益的情况很有可能并不适用于个人的选择。

将前面的例子放在现实中的假设会显得更加直观。假如一个社区中有 10000 人，这个社区出现了两个投资项目，一个能够让每个人赚到 1000 元，另一个只能让所有人中的 60% 的人赚到钱，数目是 2000 元，而剩下的 40% 的人什么都赚不到。这时候，如果这个社区中的所有人都能联合起来，万众一心，那么，他们就该去选择第二个投资项目。因为如果 10000 个人中的每个人都选择第二个投资项目，那最后有 6000 的人将会每个人赚得 2000 元，总共就是 1200 万元，将这 1200 万元平均分给所有的 10000 人，那么每个人都能得到 1200 元。

但这只是理想中的情况。

到了现实中，赚到钱的那 60% 的人不会愿意将赚到手的 2000 元钱分出去，让自己只剩下 1200 元，而且，他们也不会让那些完全没赚到钱的人分享他们的投资成果。每个人都很清楚这个道理，所以在投资之前，谁都不希望自己变成做了无用功的那40%的人。与其冒着成为40%的人的风险，不如一开始就选择第一项投资，稳赚1000元。

在行为经济学中，之所以很多现象都与传统经济模型背道而驰，根本原因就在于人们的许多心理都与经济学上的计算完全相反。不论经济学的计算多么完美，人们也还是更容易屈从内心的想法去做出选择。

一块面包和一个窝头都能令人填饱肚子，而面包的价格是窝头的10倍，在经济学计算中，吃窝头才是最优选择，可绝大多数人还是会屈从对味觉的感受，宁愿选择花更多的钱去吃面包。

不论经济模型的计算多么符合逻辑，最后决定一切的，始终是人们的内心。

2. 反射效应

反射效应产生于两个选择都可能会令自己损失的情况下。当两个选择都可能会令自己损失时，人们往往会选择冒着失去更多的风险去拼那个不会损失的可能。这就是反射效应。与确定效应一样，它仍然属于非理性的范畴，而不同的是，在确定效应的情况下，人们选择确定收益的那一项——的确会获得收益的，只不过可能不如另一个选项的收益多。但是，在反射效应的作用下，人们的选择却冒着损失更多的风险。如果说确定效应，还是人们谨慎胆小的表现，那么在反射效应中，人们就是真的放弃了理性。

一个典型的现象就是在股市中，当人们面对一只已经赔钱的股票时，都不太愿意放弃沉没成本，直接将股票卖出，而是抱着一丝希望，等待这只股票再次上涨的可能。在投资市场中，风险永远都是存在的，尤其对个人投资者来说，他们没有其他力量去左右市场的风向，只能去拼一个概率，这种时候，对于损失的厌恶让他们无法保持理性，结果往往是令他们遇到更大的损失。确定效应只是保守，而反射效应则存在着对自己不利的陷阱，需要引起警惕。

3. 损失规避

这与前面提到过的损失厌恶异曲同工。在前景理论中，人们发现在面对收益和损失时，大家的心理感受并不是对称的。在数学模型里，正一与负一的绝对值完全相同，可在人们的心理中，当面对利益时，同样数量的利益和损失，正一的绝对值却远远小于负一的绝对值。

这个效应作用于方方面面。假如有这样一个赌局，输赢的比例是1∶1，赢家能够得到1000元，而输家则会失去1000元，那么，有多少人愿意参与这个赌局，冒50%的风险，去赢取那1000元呢？通过实验数据得出的结果是，大部分人都不愿意参与。并非因为人们不愿意冒险，事实是，面对足够的利益，人们是十分有冒险精神的。之所以大多数人都拒绝这场赌局，只是因为得到1000元这一利益，还不值得人们冒着失去1000元这样的风险。

前景理论是一个十分有趣的概念。一旦深入了解，就会发现，人们往往因为心理因素而做出许多不可思议的决策，甚至有些决策就发生在我们日常生活中的每一天。

比如买彩票。许多人都十分热衷买彩票。他们不断投入，不断失望，又不断再次投入，目的只是不错过天上掉馅饼的时刻。

每个买彩票的人都知道中彩票的概率有多低，可他们还是孜孜不倦地去为了那一极小概率的事件而不断投入。原因很简单，比起中彩票的巨大利益来说，他们投入的几块钱的成本根本不算什么。在这样的对比下，很多人会认为自己只是在进行一项近乎零成本的投资，而中了就是巨大的利益，没中自己也没有什么损失。

这其实是另一种层面上的确定效应。彩票机制的设计者是十分聪明的。中奖概率越低的彩票，往往价格越便宜。因为低价的彩票会冲淡人们对低概率中奖的失落感。如果一张彩票要花费上百元，那么大部分人都不会愿意拿出这样的成本去赌一个虚无缥缈的结局，但是一张彩票只有两元钱，是只要少喝一瓶矿泉水就能省下来的钱，这种成本完全可以被认为可有可无。在这种认知下，买彩票的结果只有两种，一种是零成本获得零收益，另一种是零成本获得巨大收益，这样的投资，自然大部分人都愿意参与。

可事实是，所谓的零成本，并不是真的零成本。尽管两元钱微乎其微，但仍然是钱，买彩票者仍然是在投入，准备赢得几乎完全不可能的收益。有趣的是，每一个买彩票的人对此都心知肚明。可他们还是趋之若鹜，每日里奔赴彩票站。

这就是行为经济学的趣味之处，人们有时候并不是盲目的，他们明明知道理性人的选择是什么，明明知道怎样做是对的，可他们还是选择了错误的那一个。

再比如买保险。人们遇到事故的概率，虽然不如中彩票那么低，但也是极小概率事件，但大多数人仍然有着买保险的习惯。因为不怕一万，只怕万一。虽然过去的每一年都很平安，每一年买保险的钱都只是平白进了保险公司的腰包，可是到了下一年，他们还是会继续花这份钱。因为他们无法保证自己真的不会遇到某些小概率事件。保险公司则正是凭借人们的这种心理而产生的。

当然，保险这一形式的存在本身，对社会是有益的，它并不仅仅是一种商业行为，更是一种社会保障体系。简单地说，就是用大部分平安无事的人的钱，去帮助一个突发事故的人。但保险公司本身并不是慈善机构。事实上，购买保险的人远远高于人们发生事故的概率。这一道理，买保险的人十分清楚。可人们还是愿意去花那一份钱去买保险，因为人们害怕损失。这也就是前面所说的反射效应。人们为了避免可能发生的概率并不高的损失，还是愿意付出一些成本，只是成本要控制在与损失的一定比率之内。如果比率太高，这种成本就没必要付出了。

关于前景理论，我们总结起来其实只有一句话：面对收益时，人们厌恶风险；而面对损失时，人们却喜爱风险。

许多商家也正是看到了这一点，才想出了各种各样的活动。比如，当商家希望得到客户的投资时，并不是通过利益来诱惑，而是通过损失来蛊惑。一些商家在宣传时，不会对客户说投资这一产品会得到什么利益，而是会让客户了解不投资这一产品会有怎样的风险。

作为商家，自然可以多多运用人们在这方面的心理弱点；而作为客户，也要弄清楚自己是否在这方面被人利用了。无论如何，知己知彼，方能百战百胜。

满足感是由变化带来的

想象你所处的城市正在经历一场经济危机，每个人都面临着各种程度的经济损失，一天之内，你损失了500元钱，这是否会让你感到特别沮丧呢？

答案似乎是不言自明的。但是如果这时候告诉你，城市中的其他人，每个人都损失了至少2000元钱，你是否会觉得自己其实是很幸运的那一个呢？

人是社会性生物，比起独处，人类更习惯于在群体中生活，这就让人们在不知不觉中形成了一种心理习惯，那就是与他人比较的习惯。人们很难让自己完全不与他人比较，一个社会的贫富定义，从来都不是根据一个确定的收入数值，而是通过群体中不同人群之间的比较，去定义一个人是贫穷还是富裕。比如，大部分人的收入在30万元左右，那么收入达到上百万元的人就可以说是富裕的，而大家平均收入只在8000元钱上下，那么在这个社会里，达到上万的收入就算富裕了。

参照点效应就是由这种比较的心理而发展出来的。

参照点效应又称沉锚效应或锚定效应，是指人们在定义一些事或一些人时，往往会根据其他参照点来得出结论。这就如同沉在海底的锚，人们的思想也会在某个地方抛锚。当把锚定位在一处时，对其他事情的判断都会依据这个锚点而定。考试成绩是优秀还是糟糕，不是根据卷面的分数，而是根据所有人成绩的平均值；收入是高还是低，也是根据大众收入的平均值来判断。

事实上，任何事情脱离参照点的比较都是毫无意义的。我们在评定任何事件时都必定有一个评定的标准，倘若失去了标准，那么所有事情都无法被衡量了。但是，经济学中的参照点效应并非用来描述广义的参照点，而是指人们在经济行为中的一些容易被参照点左右的判断。

比如，在一个实验中，假如被测试者已经拥有1000元，这时候让被测试者在两项中选择其一，要么一定能得到500元，要么可能获得1000元，也可能一无所得。

在前景理论中，我们已经知道，人们在面对收益时更喜欢规避风险。也就是说，在这个实验中，被试者选择第一项的可能性非常高。

现在我们改变条件，被试者已经拥有2000元，这时候，再从那两个选项中选择一个。有趣的是，在改变条件之后，更多人选择了第二项。也就是说，当自身拥有更多的金钱时，他们更愿意去接受风险。

因为尽管在两种前提下，选择项目没有任何变化，但是在第二种前提下，选项二的风险看起来比第一种前提下的风险小了许多。同样是可能一无所得，在拥有更多的金钱的情况下，这种风险就变得小了很多。

接下来，让我们再改变一下条件。这一次，被试者拥有1万元，他又会做出怎样的选择呢？当拥有1万元的时候，他是愿意稳稳地拿到500元，还是愿意冒着一无所得的风险，去争取得到1000元？结果，被试者对得到500元的欲望被再次冲淡，大多数人都愿意为得到更多的钱而去试试运气。

虽然选项本身没有任何变化，但是风险本身的大小，因为前提不同而变得不同了。这就是参照点效应。

诺贝尔经济学奖获得者卡尼曼曾经做过一个调查，内容是，在同样的社会经济体系下，在以下两个选择中选其一：

第一，其他人的年收入是 6 万美元，而你的年收入是 7 万美元。

第二，其他人的年收入是 9 万美元，而你的年收入是 8 万美元。

调查结果是，大部分人都选择了第一项。

社会经济体系是相同的，并不存在因通货膨胀或商品价格不同而引起金钱绝对价值的变化的情况。也就是说，收入 8 万美元必定是比收入 7 万美元更能令人生活舒适。可尽管如此，人们还是宁愿选择收入 7 万美元，因为这样就可以比其他人多收入 1 万美元。

从这些例子中就可以看出，人们对利益的感知，对欲望的体现，在很多时候并非来自其本心，而是来自外界的影响。

参照点效应可以解释很多人在经济行为中做出的决策，这些决策未必是符合经济规律的，但完全符合人类自身的心理。

1. 对待同一种风险的不同表现

如前面的实验结果显示的，同样的风险选择，只因为人们的参照点不同，就可能做出完全不同的决策。所以，在现实中，千万富翁往往比普通人更加具备投资的胆量。一方面因为他们“输得起”；另一方面，也是因为对他们来说，同样数额的损失并不会让他们产生太大的惋惜之情。

比如，一个拥有 1000 万元的人和一个拥有 100 万元的人，同时做一个可能损失20万元但也可能赚到100万元的投资，前者选择冒险的概率就比后者大得多。对于后者来说，虽然20万元是个不小的损失，但也在可以承担的范畴之内，只是因为参照点不同，两者对风险的判断也就不同。

2. 框架效应

如果说人们会根据自身经济条件选择风险回避还是风险偏好这尚且符合常理，那么框架效应就是完全的心理错觉了。同样一件事，通过不同的描述方式会给人完全不同的观感。

社会中遭遇了某种病毒的侵袭，这时候医学会给出了两种方案，方案一：会令60%的人得救；方案二：会令40%的人死去，这时候大家会选择哪一种方案？

仔细分析就会发现，其实两种方案是完全相同的，但人们在心理上，还是倾向于选择第一种方案，原因只在于描述方式上。因为尽管结果不同，但通过不同的描述方式便让这个事件的参照点变得不同了。方案一的参照点在于会有多少人得救，而方案二的参照点却在于会有多少人死亡。比起死亡，人们当然更愿意从生的角度去思考。

在经济行为中，人们往往也会利用这一点来影响大众的决策。比如，当银行打算减少给予客户的优惠政策时，往往会先放出消息，暗示客户将会在未来获得很大的损失，当客户变得沮丧并打算放弃该银行时，银行再发布真正的决策，告诉客户他们只是获得的优惠比之前少了些。在这样的前后落差之下，客户们反而会对这项决策做出积极的响应。

商场也是如此，先给产品标出昂贵的价码，这时候再提出给客户们提供打折优惠，也会令客户产生自己占到便宜的错觉。

只要人为地通过描述方式改变前提，就能直接改变人们对一个事件的参照点。这也说明了，人们的心理作用在很多时候其实是盲目的。

3. 与参照点距离越远，灵敏度越低

人们对风险的感受度往往取决于风险距离参照点的远近程度。越是接近自己的参照点，人们越容易选择风险规避。

仍然可以通过前面的例子说明这一点。对于拥有 1000 元的人而言，损失 1000 元是十分巨大的，但对于拥有 1 万元的人而言，损失 1000 元就变得可以接受了，而对于拥有 100 万元的人而言，损失 1000 元已经几乎不算是什么风险。

对于利益也同样是如此。一个月薪 8000 元的人，会很容易对月薪 1 万的人产生嫉妒攀比的心理，但对于月薪 10 万的人往往并不在意，因为人总是会以自身作为参照点去衡量周围的一切，当对方已经远远超过自身的处境，那么对其产生的敏感度就会降低很多。所以很多人会觉得赚 1 万元的人比赚 8000 元的人更幸运，而赚 1 亿元的人与赚 2 亿元的人却似乎并没有多大分别。

在参照点效应中，还有一种现象是多重参照点。也就是说，人们的参照点往往并非是单一的。一个最简单的现象是，当一个人月薪 2000 元时，他会认为月薪 5000 元便是人生的顶峰，但当他到达月薪 5000 元时，又会觉得月薪 1 万元的人才能拥有优渥的生活。

许多人都有过这样的经历，当他们未曾到达某个高度时，会觉得只要到达那个高度，自己便别无所求，而真正到达了那个高度，他们却并没有真的从此满意，而是开始认为更高的阶段才是他们的理想。这是因为，随着自身境遇的不同，参照点也变得不同了。

对此，经济学家得出的结论是，比起损失，人们往往更容易适应收益。当一个人失去了他们原有的生活状态，他们往往很难恢复心态，甚至可能一辈子都处于沮丧之中。但是当一个人拥有了比过去更好的生活状态，他们却很快就适应了，并认为这就是自己应当有的状态。这种对收益的适应性，使得他们的参照点会不断向上移动。有趣的是，面对损失时，他们的参照点却很难下降，往往始终维持在同一个位置上。

而面对同样的境遇，人们也往往会根据不同条件而设置不同的参照点。所以同样一件事，出于不同的考虑方式，也会得出不同的结论，当结论之间产生冲突，人们也往往会陷入矛盾之中。

对于企业而言，做任何一个决策时都不可能只立足于单一的参照点，必定是要通过多个参照点进行相互博弈，最后再根据博弈结果做出决定。对于企业而言，一个决策必定会影响到多方利益：股东方面的考量，员工方面的考量，以及消费者层面的考量，必定完全不同。

一个决策不可能同时让各方都满意，在经济行为中，很难如数学物理那般让任何一次计算都看起来绝对圆满，因此我们经常看到政府出台一种方案，有人满意，也有人不满意，两方还相互攻击，但永远无法说服对方，因为他们的立足点不同，思考问题的角度也不同。其实，在不同的参照点下做出的争辩，是没有任何参考性的。

但是对决策者本人而言，这些不同的参照点都应当考虑进去，决策者是不可以只以某一个参照点作为标准的，因为决策者掌握的是全体会被该决策影响到的个体的命运，决策者必须将每一个群体的立足点都作为思考依据。在多重参照点的情况下，任何一个决策都是通过博弈获得的结果。决策者选择满足一部分人，便会让另一部分人恼怒，但在整体上，这个决策对所有人的长远发展来说，应当是收益大于损失。所以对于企业来说，一方面需要尽量将所有参照点都考虑进来，另一方面，也要适当做出取舍。

当然，这种同一时间层面的多重参照点，并不仅仅存在于群体之中，一个人本身也有可能遇到面临多重参照点的境遇。一个人并不是一个平面的形象，任何人在社会中都是立体的，拥有着多个层面。一个冷酷严厉的领导者同时还有可能是一个温柔体贴的丈夫，一个漂亮的商场导购还有可能是一个优秀的运动员，一个白天优雅博学的教授，夜里可能沉迷于网络游戏……在不同的层面上，一个人对待同一问题的参照点也必然不同。

比如，当一个热爱旅游的人，面对一次旅游机会时，他是选择立刻动身，还是放弃？仅仅看给出的这些条件，他当然应该立刻动身，因为他热爱旅游，前因后果看起来都顺理成章。但是，如果再给出其他条件，比如他的母亲正在生病，他是否还应当追求这次的旅游机会呢？只是对于是否旅游这样简单的事，这个人就已经有了不同的参照点。以他自己的爱好作为参照点，他自然应当动身前去，但以他的家庭作为参照点，他便不应当离开。

不同的参照点会引起不同的决策，这时作为决策者个人来说，就必须在各个参照点间做出选择，几方博弈之后，最终得出令自己不会遗憾的结论。对于参照点效应，需要明确的其实只有两点：一是我们该选取怎样的参照点判断利益的得失；二是我们该如何根据不同的参照点做出决策。

当判断利益得失时，显然人们会因为参照者效应而产生许多错觉。赚7万元的人会因为身边的人都赚8万元而感到沮丧，赚6万元的人会因为身边的人都赚5万元而感到开心。之所以会得出这种盲目的结论，只是因为人们选取了错误的参照点。下面的例子只是一个简单的心理测验，但是在现实中，的确有许多人因为这种原因而不断降低对自身的要求。

一个企业采取欺骗消费者的方式获取金钱，另一个企业则采取伤害消费者的方式获取金钱，这时候前者便会认为，自己做企业是十分良心的，因为他选择的参照点是后者。

一旦选择了错误的参照点，社会便会发生连锁反应，改变整个行业的判断标准。一个人可能原本会获得7万元薪水，但因为周围人的薪水都只有5万元，那么这个人就会满足于自身的7万元薪水，并停滞不前。

正是因为错误的参照点会让人不断下滑，所以一些企业或者组织往往会将要求提得很高。在一个高标准的要求下，没有到达该标准的人们才不会轻易满足，认为自己仍然有上升的空间。

至于做决策选取的参照点又是另外一层含义。判断利益时，我们选取的参照点来自外界，而做出决策时，我们选取的参照点则是来自内部。不论是经济方面的决策也好，还是其他方面的决策也好，我们都需要弄清楚的一点是，会以哪一方面作为参照点来得出结论。

人们在面对决策时，往往会处于一个模棱两可的状态，似乎选择方案一也有问题，选择方案二也有问题，人们就容易陷入矛盾中无法自拔。这个时候，就需要梳理思路，看清这个决策涉及哪些方面，再根据每一个方面去考虑决策的利益得失。最后，根据每一个分析结果，进行相互博弈。

这也就是所谓深思熟虑的过程。经过深思熟虑再得出的结论，就已经无比清晰了。在这之后，即便这个决策的确在其他方面带来了种种负面的影响，但作为决策者自身而言也可以泰然自若，因为那些反应早已在最初便做出过预测，只不过决策者选择牺牲那部分损失来获取其他方面的利益。

尽管参照点效应产生于人们心理上的弱点和盲目，但如果合理运用，反过来也能让人的思维变得更加清晰，不论对个人还是群体而言，都具有十分重要的意义。

处置效应：如何正确认识自己

处置效应运用在股票投资是指当投资者处置手中的股票时，会很快卖出正在盈利的股票，而保留正在亏损的股票。从心理学上来说，处置效应是人们在经济投资中的非理性行为，会产生这一行为的原因通常有以下几点：

1. 前景理论

这一理论在前面已经详细论述过，人们在面对盈利时容易成为风险回避者，而在面临损失时则容易成为风险偏好者。这就导致了人们更容易放弃正在盈利的选项，却保留正在损失的选项。

2. 后悔理论

经济学家发现，投资者在投资的过程中经常出现害怕后悔的心态。在投资过程中，一旦出现失误，投资者便会十分后悔，还常常自责。到了下一次需要做出决策时，投资者往往会缩手缩脚，做出害怕再次让自己后悔的选择。

3. 均值回归理念

有时候，投资者急着将盈利的股票卖出，而持有亏损的股票，是因为他们认为亏损的股票最终总会回归到均值中去，亏损只是一时的现象，在正常的市场规律下，最后必定能够回到一个平均状态。

4. 自我辩解

这是一种普遍的心理现象，人们经常容易为自己的行为做出维护和辩解。当一个人被指责做出了错误的决定时，他的第一反应往往并不是做自我反省，而是为自己的行为做出辩解，来证明自己并没有那么错误。

持有亏损股票也是这一原因，因为他们不愿意承认自己选择了错误的股票，内心做出了辩解："我的决定也许没有什么错。"所以他们会一直持有，等待这只股票回升的那天，来证明他们的正确。

当然，每一个个体都是不同的，每一个投资者做出的决策都有可能是基于完全不同的原因。一个投资者选择持有亏损股票，有可能是上述原因中的一个，也有可能是多个原因同时作用的结果。但我们可以确定的是，大部分投资者，都很容易做出处置效应的表现。

我们还是通过股票市场来讨论处置效应这种心理机制。前面已经分析了处置效应产生的原因，那么根据这些原因，我们不得不产生思索的是，这个效应带来的影响究竟是正面的还是负面的？

比如在前景理论下，人们面对损失时会选择风险偏好，面对盈利时会选择风险回避，这种心理在投资行为中带来的影响又是什么呢？面对盈利时风险回避，一方面因为比起盈利，人们对损失的反应更大；另一方面，尤其在股票市场中，盈利并不是一个确定的状态。谁都无法保证这个盈利状态能持续多久，人们只知道，一旦盈利状态消失，接下来就会进入无尽的损失循环。

因此从股票市场上分析来看，处置效应似乎是较为正面的效应。但这个现象在于，人们完全将股市当作了一个赌场。仔细观察就会发现，前面的种种心理，都几乎谈不上经济行为，只是人们依靠运气对自身持有的股票的一种博弈。人们的判断依据也并非来自对经济市场本身的合理分析，而仅仅来自对未知动荡的个人想象。

当然，一个不可忽视的现实是，我国的绝大多数股民实际都持着这样一种赌博的心态。他们对股市甚至谈不上了解，对经济市场的变动也谈不上敏感，他们依靠的只是对每天交易市场上反馈曲线的猜测。因此，处置效应在股票投资者身上体现出的，也是赌博行为远大于经济行为。

那么，在经济行为中，面对盈利与亏损，正确的判断应该是什么？要回答这个问题，首先要排除掉股票市场中的赌博心态，完全以经济投资的心态看待购买股票这一行为。

当个体投资者购买一只股票，便意味着对这只股票背后的企业进行了投资。而我们很清楚的是，任何一个投资行为，前期的考察和了解是必不可少的。当投资者投资一只股票，就意味着他已经决定信任这个企业的前景，并且相信这个企业在今后的发展中会超过自己买入股票那个时刻的状况。

事实上如果个体投资者能够完全按照投资理论去选择股票，那么他的很多选择都会有所不同。那么，在个体投资者对该股票进行了充分了解的前提下，当股市发生动荡时，他又该作何选择？

首先，如果这只股票盈利，投资者率先应当想到的是，这个企业后续的发展实力如何，是否能够继续盈利以支撑起股民的信任，或者只是昙花一现，很快暴露问题？实际上，在股票市场上的短线投资都与赌博没有太大差别，因为任何一个企业都有可能在几天内出现大起大落，但那并不能衡量这个企业的真正实力。

短暂的盈利不代表企业的成功，短暂的亏损也不代表企业的失败，重点在于该企业的整体长期的发展。因此，当投资者看到这只股票的短暂高升，也没有必要着急将其卖出，重要的是长期的判断与长期的持有。

其次，如果这只股票亏损，那么投资者也应当判断出究竟只是短时期的动荡，还是企业真的进入了无法逆转的境地。倘若只是短期的动荡，继续持有也没关系，但倘若真的进入无法逆转的境地，作为个人投资者，就应当及时止损了。

不论做出哪种判断，依据的都不应当是简单的赌博心理，而应当是掌握正确的投资知识和对整体经济市场的了解。

事实上，很多决策者因为知识储备不足，就出现过这种处置效应。一个比较令人遗憾的现象就是，有一些企业，当开始走下坡路时，决策者不肯及时止损，而是继续依靠负债维持企业的存续，但企业的发展并没有转机，负债如同雪球一般越滚越多，到头来，企业面对的只有彻底破产，一些经营者甚至还因为这种执念面临牢狱之灾。

还有一些企业的经营者长期沉浸在对企业赤字的焦虑之中，甚至不愿意去看清楚经济市场的实际情况，他们只是在坐以待毙，等待市场落下金钱雨，给他的企业一个彻底翻身的机会。要么及时止损，要么主动寻找新的突破，一旦出现这种消极心态，等待一个虚无缥缈的机会，那便是将整个企业作为筹码在赌博了。

我们一直说经济行为总是存在风险，付出不一定能得到回报，决策之初也无法准确判断市场的反应，但是，存在风险与赌博始终是两种概念。

如果一定要类比，那么做企业就是魔术师有技巧地抛硬币，在完全掌握技巧之后，绝对可以将硬币抛出自己想要的那一面。关键在于，经营者是处于随便抛出硬币等待落地的心态，还是要通过技巧让自己可以控制硬币的心态。

面对盈利，没有必要立刻收手，关键在于对后续发展的判断；面对损失，更没有必要一直死守，关键在于找出是否有变通的可能。

在男女交往中也有一个很特别的现象：对方越是糟糕，自己越是不愿意结束交往，总是心存幻想可以改变对方。这种现象其实与人们在股票市场中的表现是一致的。仔细想想并不难理解。倘若交往的双方都是十分优秀的人选，那么即便因为一些客观的原因而分开，也能留下美好的回忆。但倘若一方是一个十分糟糕的人，那么对另一方来说，一旦分开，留下的就都是糟糕的回忆了。因此在潜意识中，另一方会选择继续持有这段关系，期待这段关系可以扭转成良好的状态，期待彼此之间可以成为即便分手也不会有太多遗憾的状态。

但现实是，这段交往越来越糟，对不愿分开的那方来说，不但可能造成心理上的巨大损失，甚至还可能造成身体上、财产上，甚至生命上的损失。

只要跳出当局者迷的格局，就会发现，这些都是一种等待天降大运的赌徒心态。

数据表面，在各国的股票市场上，中国的股票市场中的处置效应最为明显，这与我国的股民对股票市场了解不够全面有一定的关系。

如果上升到人生哲学的高度，那么需要强调的是，掌握命运的人应当是自己。尽管作为在社会群体中生存的人，时常遇到身不由己的状况。但作为理性的智慧型生物，人类还是应当努力将自主权控制在自己手中，一旦一个人要依靠运气来解决他面对的难题，那这个人就已经处在一个十分危险的状态中了。重要的是不能稀里糊涂交出主动权，要看清楚自己和所处的整个环境。

我们作为投资者，要时刻警醒，看清自己是否已经被该效应影响，是否已经出现该效应背后的赌徒心态。一旦陷入这种心态，要立刻睁大双眼，尽快清醒过来。

第四章

消费与促销的博弈

营销术对消费心理的改变

我们平常的一些常识，可能并不是真正的常识，而是被商家通过营销手段扭曲后的结果；我们早就习以为常的习惯，也可能是来自商家长年累月的影响；我们自以为具有个人风格的行为，更可能在不经意间已然成了商家的实验品。

有些人认为自己很聪明，不会中那些营销术的圈套。的确，简单的营销圈套的确能够引起人们的提防。比如，商场先涨价再打折降价，顾客实际买到的是原价商品，这种行为已经很难骗到大部分的消费者，即便消费者仍然追求打折商品，但他们内心也很清楚，商家并不可能做出让自己利益受损的行为。

但这种营销术只是浮于表面，这种商家与消费者彼此都心知肚明的销售行为，只是给消费者一种心理安慰。而现实中，那些真正的一步一步将消费者引入陷阱的圈套，往往很难被发觉。

商家与消费者不同，商家受到利益的驱使，会投入大量精力用来揣摩消费者的心理，模拟群体思维模式，哪怕有一些在消费者看来都难以理解的行为，商家都能够先于消费者提前预估。

因此，在确认自己是否中了营销术的圈套之前，不妨先问自己以下几个问题：

1. 你的常识认知是否受到了来自商家的影响？

你认为牛油果真的是一种有益健康的水果吗？

这个问题可能并不难回答，因为几乎所有与健康相关的文章，在介绍牛油果的时候，都传递给人们牛油果含有各种丰富的营养的信息，是一些对健康十分有益的水果。事实的真相是牛油果的维生素含量很低，热量却远远高于其他水果，甚至可以说，相对于苹果橙子这些大众水果来说，牛油果并不是健康的食品。

那么，为什么大家有一种牛油果是十分健康的水果的认知呢？答案就是水果商的营销炒作。

人们往往存在一种猎奇心理，认为平日里时常见到的东西不足为奇，却对稀罕神秘的东西莫名向往。许多高价又稀有的产品就是这样在市场中占有一席之地的。

最初，水果商发现牛油果这种水果对大部分人来说都具有神秘性，这十分容易引起消费者的好奇心。因此，水果商便开始炒作牛油果，为其赋予各种神奇的功效。有一个与人们的认知相悖的事实，就是许多看似具有科学性的结论实际上并没有得到科学界的验证。或者说，科学界并没有验证许多在社会上的流传说法。

关于牛油果的营养功效就是这样被流传开了。久而久之，人们形成了一种认知上的误区，他们认为牛油果是一种昂贵且营养丰富的食物，并开始花高价买下牛油果将其料理。

牛油果并不是特例，事实上，在人类历史中，这种通过商家炒作，将一种稀有物品赋予各种神奇的功效的现象可以说比比皆是。

原因很简单，因为不常见的东西才更易引发人们的获得欲，如此一来，一些商人便有更大的空间从中获利。

所以，一些我们普遍的认知，或许就掉入了商家的圈套。

2. 你的消费观是否已经因商家的营销而扭曲？

如果仔细观察就会发现，近些年的整体消费观与多年前的消费观已经截然不同了。如今，几乎所有的励志营销号，所有的心灵鸡汤，所有大大小小的广告宣传，都在向我们传达一种理念：及时行乐。

想要的东西，立刻去买了才能增加幸福感；女性要将大部分金钱都投资在自己的相貌和身材上，才叫活得有质量；比起一丝不苟地工作，不如去追求自由的生活，才算无愧人生……

听起来是对人生的忠实建议，实际不过是一个又一个消费陷阱。商家通过各种舆论，向大众鼓吹不要亏待自己的理论，鼓吹对喜欢的东西应当及时下手的消费逻辑，在这种逻辑下，确实能够起到促进消费的作用。

有些仅仅价值百元的东西能够卖到上千元，只是因为消费者单凭限量这一标签，也仍然会认为自己花的钱十分值得。

对女性产品的鼓吹也是商家营销陷阱的一大领域。原因在于，比起男性，女性往往更容易产生消费冲动。

商家的手段之一便是通过各种舆论渠道，向女性传达这样一个观点：女性的价值就体现在她的所穿、所用上面。在这种价值观的舆论导向下，即使收入水平一般的女性，也会花大价钱投入到自己的穿衣护肤上面。

商家为了促进大众的消费，可以使用各种手段，直接从心理上攻破消费者的防线，这才是商家的真正目标。

至于近些年来鼓吹的“世界那么大，我想去看看”这类舆论，背后的操纵者其实正是前些年日趋惨淡的旅游行业。

这些几乎被大家接受的消费观，看起来正常，其实仔细思索就会发现其中并没有多大的逻辑道理。

3. 你是否时常购买一些其实你并不需要的东西？

我们的社会如今已经进入了网络时代。网络给人们的生活带来了方便，但也让我们失去了思考的机会。

现在，我们可以足不出户，就买下想要的任何一件东西。这种便利，一方面便利了广大群众，另一方面，也给了商家更多的接触消费者的契机。

商家只要将广告投入到人们经常会光顾的网站上，人们就有可能通过广告链接点进商家所推销的商品。此外，在购物网站上，通过关联商品的展示，当人们完成了一次购买行为之后，立刻又有更多相关的产品映入人们的眼帘，只要这些产品稍稍引起消费者的兴趣，消费者就会继续产生购买行为。

实际上，在网络购物变得如此便捷之前，这种推销手段就已经被商家习惯用了。比如几乎所有商场都会在节日期间做活动，各种琳琅满目的优惠活动，会促使消费者购物的过程中，因为看到其他展示的商品，而买下原本并没有购买意愿的商品。只不过，在网络购物十分发达的今天，商家向消费者展示的机会变得更多起来，而消费者对一些原本不需要的东西产生购买欲望的可能性也会相应增多，于是消费者买东西的概率也更高。

由此可见，我们的消费心理不但会受商家营销术的影响，还会影响到经济行为之外的领域。因为一旦价值观被扭曲，人们在许多事情上的决定都会发生变化。

想要避免受到这方面的影响，避免被商家操控，一个最有效的办法就是多了解经济学以及心理学方面的理论。作为消费者，只有比商家更懂得消费者的心理，才不会轻易掉入商家设置的圈套，因为要避开陷阱的前提，首先是要知道陷阱放置的位置。

当商家通过各种舆论途径在社会上鼓吹某种产品和理念时，明智的消费者会做出自己独立的思考。

当所有人都开始追捧某个昂贵的口红时，消费者可以独立做出判断，但不论结果如何，首先要清楚的是，大家的争相追捧并非因为这款口红真的物超所值，多半是因为商家进行了一场成功的营销。

不过，说到底，商家与消费者并不是完全的对立面。

商家的最终目的只是赚钱，而消费者只是通过各种消费行为来实现自己对各方面的需求和欲望。对于正常的消费行为来说，商家与消费者之间实际上应当是双赢的，是彼此之间通过基于各种条件的博弈，最后达成的一个双方都算满意的合作。尽管商家会通过各种营销手段来影响消费者的心理，但消费者也反过来会影响商家的营销方式。

然而，冲动消费的消费者实际上占据了很大一部分。他们几乎不与商家讲价，也不愿意去比对各种货物，更不愿意去思考性价比的问题，他们只是拿出钱包，买下商家推销的产品然后心满而归。

这类消费者便完全失去了思考。第一类人是他们不愿意在金钱交易中浪费太多的思考精力。这并不代表他们没有与商家博弈的能力，他们只是无暇顾及。第二类人是他们完全不了解经济市场上的各种陷阱。不了解，意味着盲目消费，这一类消费者是经济市场上任人宰割的白兔。第三类人是他们对经济市场的运作多少还算了解，也并不是没有精力去与商家进行博弈，他们之所以选择随商家摆布，只是因为他们懒得思考。最后的结果也会与第二类人一样，随便受人摆布。

实际上，最后这一类人，他们即便不被商家摆布，也会在其他方面任人宰割。思考是人类得以进化的最重要的能力，如果放弃了思考，就等于放弃了在这个世界上生存的根基。

人们学习的过程，也是一个不断加强自身思考能力的过程。当我们阅读经济学家的著作时，也是在将经济学家思考后的结果变成我们自身的知识储备，只有拥有了足够的知识储备，我们才能将许多现象，许多外界与我们自身的行为，看得更加透彻。

而当我们选择通过自身的知识储备去与商家进行博弈时，才是让消费过程变得更加公平的开始。

当某一个被商家鼓吹的产品出现在大众的视野中，作为消费者，首先要做的并不是跟风去购买，而是应当了解该产品是否具备相应的功效。当然，在各种信息之中，必然混杂着真与假，商家本身也会努力将网络上的搜索结果变得对自己更加有利，这时作为消费者就应当擦亮眼睛，寻找那些更接近真相的描述，寻找拥有更可信的依据的结论。

其实这种分析并不难，数据也十分容易找到，最重要的是要保持冷静和理智，不能随便跟风，跳出当前的局面，去仔细分析所面临现状。

从古至今，商家的营销方式影响到大众的消费观甚至价值观的现象层出不穷，这种现象并不能说完全就是负面的，因为有的时候尽管商家的本意是为自身谋取利益，但同时也顾及消费者的利益，最终寻求的还是彼此之间的双赢。

所以站在消费者的一方，也不需要因为被商家影响了消费方式而感到沮丧。只有消费者变得与商家同样聪明，这场消费博弈才最有可能得到双赢的结局。

市场需求与劳动供给的曲线

在讨论供给与需求之前，首先需要明确的，是市场这一概念。

我们都知道什么是市场，尽管并没有一个确定的形象，但我们基本都对市场有一个笼统的印象。市场仿佛是无形的，又的确真实存在。

在经济学中，市场的定义是指由某种物品或劳务的买者与卖者组成的一个群体。就如我们所认知的那样，市场并不是某个固定的地点，也不是某个确定的组织，形成它的是具有特定目的的特定人群。

首先要有某个物品或者某种劳务，接着要有卖出这些物品和劳务的人以及购买者，这三者共同构成了市场，缺一不可。

市场有时候是有形的，有时候是无形的。当买者与卖者规定在某个特定的时间和特定的地点进行交易时，这个交易的场所便是市场，这时的市场就是有形的；当卖者与买者分散在不同的地方，交易也产生于不同的时间里时，市场便是无形的。而不论是否有形，只要有买者、卖者与被交易的物品存在，这个市场便是完整的。

市场的规模也没有限制，几个人就可以形成市场，只不过在这里，个人的力量是十分显著的，任何一个人都具备撼动市场局面的力量。而在一个足够大、包含的个体足够多的市场中，个体的力量却十分微小的，个体的变动往往很难影响到整个市场趋势，这种市场，便是经济学家所说的竞争市场。

在竞争市场中，具有很多买者与卖者，他们之间，存在着共生与竞争的关系。这时候，决定市场变动的，是整个市场环境本身。在这样的市场环境下，买者想要花更少的钱，卖者想要赚更多的钱，就不能仅仅靠个人意志，而要通过在市场中进行竞争，通过各方面的努力与博弈，才有可能实现自身的愿望。而在这样完全竞争的市场中，影响市场变动的最关键的部分，就是供给与需求之间的关系。

首先说明需求这一概念。在这里我们用一个具体的物品来说明，假如这是发生在某个社区中的一个交易橘子的市场。在市场中，该物品的需求量，即买者愿意购买并且能够购买该物品的数量。比如这个社区中有 5000 个人，其中有 1000 人愿意拿出钱来购买橘子，而这 1000 人中，有 900 人愿意每天购买一个橘子，另外 100 人愿意每天购买两个橘子，那么这个橘子市场每天的需求量，就是 1100 个橘子。

在其他条件（这里的其他条件指的是天气的变化、人们饮食结构的改变等）都不变的情况下，能够影响市场需求量的，便是价格。

需求定理中描述的是，当其他条件不变时，市场中物品的价格上升，需求量就会减少，物品的价格下降，需求量就会增加。

当然，这个社区中，一定有那么一部分人，他们完全不喜欢吃橘子，但是对大部分人来说，如果橘子变得十分便宜，他们就有可能从不愿意购买的状态，变成愿意购买了。同理，如果橘子的价格升高，那么原本喜欢吃橘子的人，就有可能因价格超出了他们的预期，而选择放弃。

市场中的需求曲线，描述的就是需求与价格之间的关系。在坐标上，我们将纵轴作为物品价格，将横轴作为物品需求量，那么，根据需求定理所描绘出的需求曲线，就是一条向右下倾斜的直线。决定需求量的，绝对不仅仅是价格本身。有时候，一个优秀的广告，一阵流行的风气，也同样能够改变人们对某一个物品的需求量。仅仅在上面的模型中，决定人们是否购买橘子的，也不会仅仅是橘子的价格。

因此，需求曲线，其实只是用来描写市场的一种规律，但并不是完整的规律。只不过，不论其他条件如何变化，也都只是让需求曲线在坐标轴上的位置有所改变，并不会影响曲线中价格与需求量之间的变化关系。

比如，在这个 5000 人的社区中，原本对橘子的需求量是每天 1100 个，而在夏天里，由于人们对水果的需求增多，对橘子的需求量也相应增大，从原本的每天 1100 个增加到每天 1500 个，这时候，整个需求曲线都会向右边移动。但是相应地，在这样的需求量下，如果橘子提供的数量比这个需求量要多，价格就会下降，如果提供的数量比需求量少，那么价格就会升高。

所以，当需求量从 1100 变成 1500，可供给的橘子数量却仍然只有 1100 个，这时候，供不应求，价格就会升高。但价格升高并不是因为需求量增加了，而是因为在需求量增加的前提下，需求曲线的位置发生了改变，这时候的价格升高是针对需求量为 1500 个这个条件，当提供的橘子低于整体需求量时，价格才会升高。

同样地，如果出于某种原因，社会想要减少市场的需求量，就会采取升高价格的方式。比如，市场需求 1500 个橘子，但是能够提供的只有 1100 个橘子，并不能满足整个市场的需求，那么为了实现平衡，就会提高价格，通过需求曲线，让市场的需求量随着橘子价格的升高而降低最终将市场需求减少到 600 个。

当然，上面这只是一个假设的概念，现实情况是当橘子的需求增加到 1500 个时，人们会想办法提高橘子的供给，努力让供给的数量满足消费者的需求量。在现实中，也的确存在人为控制某个物品的需求量的情况。典型的例子就是香烟。

吸烟有害健康是人尽皆知的道理，但是适量的吸烟又在社会允许的范围内，这就形成了一个矛盾的状态：一方面，社会整体的理想局面是杜绝吸烟；另一方面，很多人又真的需要吸烟，并且吸烟本身并不违法的。那么，为了维持社会的平衡，就要通过一些手段来降低整个社会对香烟的需求量。

一种方法是通过舆论轰炸，来移动需求曲线的位置。比如通过各种公益广告的宣传和各种夸张的表达方式，让人们意识到吸烟的危害。这样，在同一个价格水平上，人们对香烟的需求量就会降低。还有一种方法，则是在其他条件都不变的情况下，改变香烟的价格，当香烟提高到一定价格之后，整体的需求量也会有所降低。

关于需求曲线，总结起来，其实很简单，一是在其他条件都不改变时，价格与需求量成反比；二是当改变某一种条件时，同一个价格下的需求量可能会增多或者减少，并在增多或减少后的位置上，继续满足第一种情况。

接下来我们来说供给。既然需求量表示的是市场中买者愿意并且能够购买某种物品或者劳务的数量，那么供给量表示的就是卖者愿意并且能够出售该物品的数量。

通常看来，当买者在决定是否购买某物品时，可能还在犹豫，但卖者对于出售某物品，就不应该有任何犹豫，应当是多多益善。可事实却并非是如此。比如，同样在前面那个模型中，5000 人的社区，需求 1100 个橘子，每个橘子的售价是 1 元钱。我们都知道，在一个足够成熟的市场中，决定产品价格的并不是某个具体的卖家或者买家，而是整个市场平衡之后的结果，因此，决定橘子售价的，也并不是某个具体的卖家，而是整个市场默认的规则。

这时候，卖家不论处于怎样的境况，他的橘子也只能以 1 元钱的价格卖出去。那么，如果卖家获取橘子的成本较高，比如一个橘子的获取成本就有 9 角钱，那么卖家的供给欲望就会降低，如果卖家获取橘子的成本降低，降到 5 角钱，相应地，卖家的供给欲望也会增加。在市场规律的作用下，不论卖家，还是买家，其实都身不由己。当然，这是以一个完整健康的市场为前提的，不存在任何垄断现象，如果有垄断现象，那么市场便是完全掌控在某个或者某几个卖家的手中了。

供给曲线是一个上升的曲线，横轴是供给量，纵轴是价格，当价格低于卖家的成本时，供给量便是零，只有价格高于这一数值时，才会出现供给量。并且，随着价格的升高，供给量也会相应变高。

影响供给曲线的因素也有很多，当成本相关的条件有所改变时，供给曲线的位置也会改变。比如，当获取橘子的成本升高时，橘子市场的卖家供给欲望就会降低，直到橘子市场的价格继续升高，升高到卖家可以承受的范畴内，这时候卖家才会恢复之前的供给欲望。

当然，相比需求曲线而言，供给曲线就简单许多。正如前面所言，卖家在供给方面的欲望，是远远大于买家在需求方面的欲望的，因为卖家会在供给的过程中获得利益，而买家的购买行为却未必能给买家带来直接的利益。因此，关于供给曲线，总结起来也是两条：一是在成本不变的前提下，物品的市场价格与卖家的供给量成正比；二是当成本改变，同一价格下的供给量可能会增加也可能减少，并在增加或减少后的位置上，继续满足第一种情况。

组成市场的有物品、卖家和买家，而完成市场活动的，便是供给与需求相互均衡之后的结果。

其实从供给曲线与需求曲线的差异就能看出，两者是完全相反的。当价格升高时，供给曲线会上升，而需求曲线则会下降，这就出现了卖家与买家之间的矛盾。而正是因为这样的矛盾关系，才使得经济市场成了一个博弈的平台，使得卖家与买家需要寻找一个令双方都感到满意的均衡点。

在其他条件都相同的情况下，同一个坐标轴内，供给曲线与需求曲线一个上升一个下降，那么这两条曲线必然会在某一点处相交。这个相交点，便是卖家与买家在市场作用下的博弈结果，也是物品最后会在市场上呈现出的价格。

在上面那个模型中，5000 人的社区，每天提供 1100 个橘子，每个橘子 1 元钱，决定这个数值的，是所有的卖家与买家之间通过市场的作用而达到的均衡点。在均衡点处，卖家愿意提供的产品数量与买家需求的产品数量相等，只要其他条件不发生变化，那么市场就会在这个数值处停留，直到下一次其他条件被改变。

那时候市场又会发生一段动荡的博弈过程，最后仍然会停留在下一个均衡点上面。在一个成熟健康的市场内，卖家与买家都没有主动权，他们都是受整个市场的平衡摆布。

就如前面所说，一个已经平衡稳定的市场，固然能够令卖家与买家双方都满意，但人类社会是一个动态发展的社会，不可能真的在某一个平衡状态中持续很久，任何一个其他因素都有可能打破这个平衡。

比如橘子市场的例子，市场原本维持在每天需求 1100 个橘子，每个橘子 1 元钱的平衡处。但是到了夏天，橘子的需求量开始增多，卖家只提供 1100 个橘子已经不能满足买家的需求，这时候，就出现了短缺的现象。

当市场短缺时，就会出现买家哄抢的局面，这个局面促使卖家会提高价格为自身谋取更高的利益，但真正能够令价格升高的并非卖家自身的意愿，而是受市场环境的影响。当价格被抬高，卖家的供给欲望自然也随之增加，因此供给量也就会相应增加。但同时，当价格被抬高，买家的需求欲望却开始降低，原本需求 1500 个橘子，随着橘子的价格从 1 元被提高到 1.5 元，买家的需求降低到了 1300 个橘子。因此最后，在新的平衡中，数值则变成每天 1300 个橘子，每个橘了 1.5 元钱。

当然，在实际市场中，平衡并不会那么轻易就达到。在达到平衡的过程中，卖家可能会受到不同程度的利益损失，买家也可能会花出冤枉钱，最后双方才慢慢找到彼此都能满意的平衡点。

市场本身是不具备思考能力的，是由许多个会思考的个体组成的，这些个体又要与其他个体之间进行博弈，在反复的博弈、试探、竞争、交锋中达到平衡。供给与需求，就像被混入同一杯水里的两种颜料，彼此都想要占领对方的领域，但又无法彻底征服对方。最后，也并没有所谓的赢家，只是两种颜料混合之后，结合成了新的颜色。

在市场上，卖家与买家从来都不是针锋相对的敌对者。如果没有需求，那么供给是不可能存在的，如果没有供给，那么任何需求都只是空想。

然而，供给与需求彼此需要，却又不能彼此妥协，这也正是市场的魅力所在。或者，正是因为彼此需要，才无法达到彼此妥协。因为，只有当一方单方面需求另一方时，才会妥协。但在卖家与买家之间却不存在这种情况，卖家与买家双方都握有等重的筹码，而两边又都需要对方的存在才能令筹码发挥作用，在这种看似矛盾又十分调和的关系下，市场才作为审判者一般，给双方找到一个平衡点。而这个平衡点，又随时会因为各种其他条件而发生变化。

可以说，市场永远都在不断重复着从混乱到平衡又从平衡到混乱的过程。在市场中的每一个个体，都是在这个风云变幻般的洪流中努力寻找到自身的定位。敏锐的人会成为最后的赢家，稍有疏忽的人，就可能被洪流冲散从此一蹶不振。

而作为个体，不论是处于消费者的立场，还是处于商家的立场，都应当努力让自己变得更加敏锐，成为那个不会被洪流冲散的存在。

个人偏好的心理来源

我们都知道在同样的社会环境和工资水平下，不同的人的消费情况却可能完全不同。按照传统经济学的理论，这种现象是无法被解释的，因为在传统经济学中，每一个个体都只是数据模型中的一个模糊的形象，并没有任何特殊之处，当需要描述一个经济现象，或是预测某种经济发展时，也只是根据总体的经济规律，而并不会强调某些个体的不同之处。

但在现实生活中，每个人都有其不同的偏好。一方面这与每个人的兴趣爱好相关；另一方面，也与每个人不同的心理状态有关，处于不同心理状态的人，当面对同样的经济抉择时，选出的答案也截然不同。

这就使我们不禁思考这样的问题，为什么人们有时会做出与经济规律完全相违背的决策？为什么同样的起点，有些人的经济水平在不断上升，有些人却在不断下降？

经济规律固然有着人为无法控制的部分，但构成经济行为的，仍然是人本身，而左右人的行为的，除了理性上的选择，更多的是心理上的偏向。比如在个人需求曲线上，正常的规律应当是一个物品的价格上升，个体对该物体的需求量就会变低，但是有些个体，可能不论该物品的价格如何上升，他们都会选择去购买，不论多么高昂的价格，都可能有人会为那些价格买单。

因此，在分析经济行为，尤其是个体经济行为时，比起按照经济理论去分析，更应该去摸清楚个体偏好的心理来源，在解释任何经济现象时，到最后，真正需要解释的仍然是人的行为规则。

人们在什么情况下更容易花钱？

如果仔细分析一个人的消费情况，很可能会发现，这个人真正必要的消费，只占了他全部消费的很小一部分。对于当代社会中的个体来说，完全必要的消费其实并没有多少。

衣食住行是人们生存的基本条件，但即便在这些基本条件下，仍然有许多可以浮动的成分。但作为个人而言，每个人都是有其他欲望的。当保证了最基础的生存问题之后，人们就会开始去追求其他方面的欲望。人们会向往各种能够愉悦其身心的娱乐，会向往去见识更广阔的世界，去收集自己内心十分喜爱的东西，而为了满足这些欲望，就会造成不同程度的消费。

因此，即便一个收入很高的人，同样有可能出现经济危机。自然，合理的娱乐追求和精神追求，是人的权利，也不应当被阻止。但是，这些都应当在计划范围之内，如果超出了计划范围，事情的性质就不一样了。

那么人们在什么情况下，更容易花费超出自身控制的金钱呢？

我们在一开始就提到过，人们有一种心理账户，在不同的账户内，对金钱的敏感程度也不同。比如同样一个人，如果一顿饭超过 50 元就会感到痛心，但是在娱乐支出时哪怕一天花费超过 1000 元他也会觉得十分合理。因为尽管这些金钱都在他自己的钱包内，但在潜意识中，却认为这些钱被放在了不同的位置上，放在娱乐账户内的钱，可以花得更多更快，放在生活账户内的钱，就得花得少一些慢一些。

这种心理账户，除了个人自身的潜意识，也有社会环境的影响。在心理账户内，为娱乐这一项投入了太多的金钱，而在生活中的突发状况这一项的账户内，却完全没有金钱投入，因此当他的生活中真正出现问题时，他的经济状况就会出现产生危机。从这里可以看出，心理账户的不合理划分，就有可能让人做出不理智的消费。

当然，出现不理智消费的原因并不仅仅是这一项。人是一种复杂的生物，人的心理更是十分复杂的。尽管我们在前面对人们在经济行为中的各种心理效应进行了分析，但事实上，当一个人在出现某一种经济行为时，往往是许多种心理效应同时作用的结果。比如在娱乐上花费过多的人，或许是因为他的时间贴现率过高，使他产生了及时行乐的心理。在时间贴现的理论上，如果让这个人选择在未来后的某个时间的在娱乐方面花费 1000 元，他很可能会犹豫，会觉得这样的花费并不值得。但是，让他选择第二天进行娱乐消费，他会没有丝毫犹豫，因为当这个娱乐行为距离他十分近时，他便放大了这个行为的性价比。

许多个体的消费行为也都是如此，只要将这个消费行为放在一个较当前时间较远的位置，个体可能就会选择拒绝该消费，但是这个消费行为发生在当下，个体就会进行消费。原因在于对于当前时间点，个体放大了这个消费行为会为自身带来的愉悦。此外，参照点效应也可能会令个体产生应当消费的错觉。

要避开这样的不合理的消费，就需要个体消费者对这些心理效应有更加明确的认识。比如，要避开时间贴现带来的错觉，就需要在消费之前先跳出当前状况，设想这个消费行为如果放在一年后，自己是否还会做出这种选择；而要避开心理账户的不合理安排，就需要先整理好自己的心理账户，为自己设置出更贴近自身条件的心理账户，这样当某个消费超过了该项目所在的心理账户，就应该及时阻止自己。

为什么人们总是不能及时止损？这是一个十分糟糕的现象，当一个人产生了某种损失时，他往往无法阻止自己做出让自己损失更多的决策，而这种时候，他仿佛陷入了一片沼泽中，越是挣扎，越是深陷。

在抽奖机前，一个人最开始抽奖没有抽中，这时候他便可能转身离开，但如果他继续抽奖，继续不中，那么他离开的概率就会减低很多，而当这个人在抽奖机前停留的时间越久，他留下的概率也就越高。我们都有过一种体验，就是在玩游戏时，越是输，就越是想要继续。到最后，玩游戏的乐趣已经完全消失，自己也变得身心俱疲，可即便如此，想要过关的欲望反而比一开始心态轻松时还要更加强烈。

产生这种心态的原因，就是前面所说过的损失厌恶与沉没成本。因为人们厌恶损失，所以一旦产生损失，就会想要继续投入，直到可以弥补为止。可在现实中，能够在最后逆转的情况却并不多，大多数时候，人们只是让自己损失到一无所有。所以有些人会在赌场上彻底输掉自己的整个人生，甚至走上犯罪的道路。事实上，人们厌恶损失，这种心态原本是一种有益的心态，因为厌恶损失的本能，会令人们更加努力地去保护现在拥有的一切。但任何一种心态都可能走上其他的极端，一开始只是厌恶损失，这尚属正常，可是当产生损失之后，开始用损失更多的方式去努力弥补先前的损失，便陷入了一个可怕的旋涡之中。

损失厌恶最极端的表现就体现在赌场中，赌场上一个最普遍的现象就是，那些小赚一笔的人往往都不会在赌场内停留太久，而那些输了钱的人，却会不断加大自己的筹码。一开始还可能处于镇定的状态，随着输出的金钱和物品越来越多，人的状态也越来越慌张，当他彻底失去理智时，他也就完全跟随崩塌的心态，开始走入歧途。

在心理学上，赌瘾常常与毒瘾放在一起研究，因为它们虽然本质的作用点不同，但在人们的心理影响上却是相同的。嗜赌的人与吸毒的人有着一个共同的特质，就是时间贴现率都很高，其原因就在于，这些东西令他们失去了理性的控制，一旦理性消失，人们原本的心理效应就会被无限放大。

许多最终被赌博毁掉人生的人，回忆起当初，他们都会发现，那时候他们并没有产生后来的种种疯狂行径，一切仅仅因为损失厌恶效应的作用，便让损失如滚雪球般越滚越大。如果从一开始，赌博的人能够意识到自己正在受到损失厌恶的负面影响，能正确判断当前的局面，那么最后的悲剧也就不会发生。其实我们大部分人都不会成为赌徒，因此说起赌场上的那些规则，许多人总觉得距离自己十分遥远。实际上，赌场上的那些效应，也同样存在于我们生活中的许多方面，只是我们甚至没有意识到自己已经深陷其中。

在人们的消费行为中，有一个很奇怪的现象，就是当人们在某一个项目上花费过多金钱时，在对待同一时期的其他项目上，也会变得十分大方。造成这种心理的机制也是来自多方面的作用，一方面在于，当产生消费行为时，任何消费项目都被划分在了心理账户内，消费个体将这部分的心理账户定位在了可以超出平时水平的消费上，因此即便是附加的高额消费，他也认为这只是其消费行为的附带部分，并不会认为有任何不妥。但也有一些方面，也是损失厌恶效应的连锁作用。损失效应一方面会让人不断继续投入弥补损失，另一方面，也容易让人产生一种规避心理，就是会刻意忽视自己的损失。

消费期间，由于已经做出了超过平时水平的消费，这时候如果恢复到理智状态，就会意识到自己正犯下一个错误，而这个错误已经无法挽回。既然无法挽回这个错误，那为了不让自己陷入悔恨纠结的状态，消费主体就很可能会放弃理智状态，让自己先进入及时行乐的非理智状态。在这种非理智状态下，任何消费刺激都可能会让他拿出钱包。

当面对损失的滚雪球不断发展时，一些人还有可能会恢复理智，放弃沉没成本，忍痛断腕。但当因为损失厌恶效应而引起了心理规避，这时候理智便很难发挥作用了。

人们会本能地逃避自己厌恶的事情，损失就是其中之一。赌徒心态，一方面自然是想赢回损失的部分；另一方面，也是不愿意面对自己已经损失许多的事实，他们认为只要赢回一局，之前的损失就可以真的不存在。

而在非赌场的地方，当人们遇到损失时，他们没有其他方法赢回损失，那么逃避损失的心态只会更强烈。为了逃避损失必然要放弃一部分的理智，他们的时间贴现率必然就会升高，消费行为也就会变得更盲目，此时，消费者的整个经济状态，就有可能会急转直下。

在人们的消费行为中，那些越是进行超出自身消费水平的消费行为的人，越是容易盲目消费，而那些在消费行为中游刃有余的人，反而能够仔细规划。即便是同一个人，当进行超出自身消费水平的消费行为时，都容易变得盲目冲动，而那些完全在其自身的消费水平进行消费的群体，反而可以恢复理智。

不过，如果将这种现象归为损失厌恶与损失逃避，也是不合理的，因为如同前面所说，任何消费行为的产生，都是来自多方效应作用的结果。

为什么一个人有时候在消费上是完全理智的，有时候是极其盲目的？使其失去理智的成因是什么？

损失厌恶自然是使其失去理智的原因之一，心理账户的错误规划在人们盲目消费的过程中也起着不可估量的作用。此外，广告营销的轰炸同样能让人失去原本明智的判断，在这些基本心理效应之下，每个个体的生活状态和精神状态，也都能够成为他们对某种消费行为十分偏好的促成条件。

尽管我们无法确定当一个人进行盲目消费时，主因究竟是哪一项，但我们可以确定的一点是，如果消费行为真的是完全盲目的，那么他在消费时一定是处于一个非理性的状态。整个行为经济学理论，探讨的恰恰就是人们在经济行为中的种种非理性行为。所以，行为经济学中的任何一个讨论方向，都有可能是造成盲目消费的原因。

在传统经济学中，所有经济模式讨论的都是理性人的情况。我们不可能在任何一本传统经济学相关的书籍内，看到描述一个醉鬼是如何消费的章节，因为醉鬼的消费心理在传统经济学中没有任何研究的必要。

而行为经济学中，讨论的就是这些“醉鬼”们的消费心理。当然，这里所说的“醉鬼”是指当一个人被非理性的各种心理效应驱使时，而去做出非理性的消费行为，这种状态与一个醉酒的人也并没有差别。

哪怕你认为自己足够清醒，却也可能根本没意识到，你对某种消费行为或者某种物品的偏好就是一种失去理智的迷醉状态。处于这种迷醉状态的人，自然会受到各种心理效应影响，并且时间贴现率会比理性状态下高出许多，连锁反应之下，这个人的迷醉状态还会逐步加深。

如果想要从这种迷醉状态中清醒过来，最重要的一点就是追本溯源，弄清楚这种状态的来源。究竟是损失厌恶效应的连锁反应导致，还是商家营销术的效应导致，抑或是前景效应、处置效应在个体身上的体现，再或是心理账户出现了混乱。

只有找到问题的源头，才有可能将问题切断。不过，如果是站在商家的立场，也可以在看清楚这些心理效应后，通过这种种心理效应让消费者对自身的产品更加青睐。而即便是站在消费者的立场，在找到问题的根源后，也可以自己选择是要继续维持这种偏好，还是要重新衡量自己的消费行为。只是，如果要继续保持这样的偏好，那么就要牢记时刻让理智的思索占据上风，而不是被各种心理效应左右了思想。

生活成本指数与消费指数

生活成本指数，是指在不同的时间点，消费者为了达到某一种生活水平所需要的最小支出比。

普遍的经济学理论认为，生活成本指数完全决定于不同时期整个社会的物价水平以及各方面的福利水平。然而，这个结论只局限在人们的所有消费行为都是建立在理性行为的基础上，而在行为经济学理论中，人们的行为却是非理性的，这种非理性的消费行为同样能成为生活成本指数的成因。

居民消费指数（CPI）则是在不同的时间内，居民的一些代表性消费物品以及服务价格的价格水平的比值。简单地说，就是人们需要维持某一生活水平所必要购买的物品以及服务的价格上涨或下降的水平。

生活成本指数与消费价格指数有些类似，但又并不相同。后者是前者的成因之一，而前者则可以反映后者所带来的影响。

本章所探讨的问题，便是生活成本指数的数值的成因以及该如何削弱消费价格指数升高为居民生活成本指数带来的影响。

一、那些会引起生活成本变化的外因

我们都知道，通货膨胀、物价上涨、经济低迷、气候变化等原因，都可能造成最小生活成本改变。

通货膨胀物价上涨，这是市场的必然规律。如果通货膨胀速度过快，就会引起市场管控者的注意，需要出台各种政策，来控制物价的变化。但是，对于普通居民来说，他们却并不具备改变市场变化的能力，只能眼睁睁看着生活成本升高，并努力提高收入来维持原本的生活水平。

但是，对于通货膨胀，人们就真的只能听之任之，任由生活成本随着 CPI 的增长而升高了吗？

在人类社会的发展历史中，经济危机几乎是每隔一段时间就会发生的必然现象。在人们记忆可以追溯的时段里，经济危机有大有小，大的可能会影响到整个国家的经济发展，小的危机也有可能在一段时间内令人生活受到影响。然而，即便是被经济学家视为洪水猛兽的经济危机，仍然有许多人能够平稳渡过。在经济危机期间，有些人被危机吞没，人生彻底被击垮，有人选择彻底放弃自我从此一蹶不振。大部分人是惶惶度日，在艰苦的岁月中得过且过，在抱怨中寻找生存的希望。而还有一部分人，他们的生活几乎并没有受到影响，只是如往常那样生活、工作和学习，而当经济危机时期过后，他们又一如既往地过着平常的人生。

为什么在同样的经济危机时期内，人们的境遇却如此不同？那些彻底被击垮的人们，他们在危机到来之前，很可能是颇为富裕的人，而那些并未波及的人们，可能在危机之前，他们的财富水平也仅仅是平均状态。这说明，是否能顺利渡过经济危机，并非是由其财富水平决定的。真正决定一个居民家庭的抗风险能力的，是他们日常的理财能力以及他们的消费理念和消费习惯。

在传统经济学中，生活成本指数的变化源自消费指数的变化，也就是说，当 CPI 升高时，生活成本指数也会随之升高。可实际上，当 CPI 升高时，也有家庭通过调整家庭消费状况，在不降低当前生活水准的前提下，让生活成本指数依旧维持原有水平。

我们且说生活成本指数中，作为比对数据的是一个居民家庭在一个时期内最小的消费和服务支出。也就是说，这个支出数额应该不会再降低了。但是，这只是理想的情况，事实是，只要通过一定的调整，这个数额还是可以人为降低的。

1. 替代品

在 CPI 升高的情况下，要保持原有生活水准，同时又不会令生活成本指数随之升高，最有效的办法，便是寻找替代品。

比如，有的家庭成员喜欢去健身房健身，通过在健身房挥洒汗水，令自己获得身体与心灵上的愉悦。而当 CPI 升高时，健身房的收费标准也随之升高，这时候，继续去健身房健身就会增加这个家庭的生活成本。那么，最好的办法，就是改变健身途径。比如，可以将原本的室内健身改为户外健身，将跑步机换成公园的小路。户外健身与室内健身的区别，就在于户外健身会受到来自天气的影响，而室内健身却不会受到这种影响，但是相对应的，户外健身也有室内健身无法拥有的优点，比如户外有新鲜的空气和更广阔的视野等。

在饮食问题上，也同样可以找到替代品。一些食品商为了让消费者们高价购买其产品，总会将食品本身的营养吹嘘得很高并且无法替代，但事实上，人们身体所需的营养完全可以从我们的日常食物中获得。鸡蛋含有的蛋白质便足够满足人们对蛋白质的需要，蔬菜中的维生素比任何维生素食品都要丰富，日常的淀粉糖分等完全可以从五谷杂粮中获得。

至于精神享受方面，可以用踏青代替娱乐消费，用读书代替去剧院，而一旦深入了解，我们还可能会发现，原来那些不花钱或者花费较少的项目，带给人的精神愉悦比那些需要花费的项目还要多。

总而言之，没有什么物品是无法被替代的，也没有什么服务项目是必不可少的。许多人总是认为如果缺少了什么，就会让自己的生活水平有所下降，其实会产生这种想法的人，都是未曾真正思考过造成自己消费偏好的成因，如果真的仔细了解过，明白了各种心理效应在消费习惯上的作用，就会发现他们原本并不需要高消费。

2. 改变消费习惯

这里要说明的是，改变消费习惯不代表要降低生活水平。在改变之前，首先需要弄清楚的一件事是，我们的消费习惯究竟是怎样形成的？在这些习惯中，存在着多少消费陷阱？

首先就是最普遍的营销术陷阱。通过前面内容的讨论，我们已经知道，商家为了成功销售他们推出的产品，会从心理上攻破消费者的防线，他们甚至会直接改变消费者的常识认知，改变消费者的价值观。

所以作为消费者，就需要看清楚，自己的消费习惯中，是否存在这一部分的原因。比如对某一个品牌的信赖，究竟是真的因为这个品牌的产品质量十分过硬，还是因为受到了广告的洗脑作用影响？在广告行业中，那些花哨华丽的广告从来都是失败的案例，真正成功的广告总是那些口号简单，但能够直击人心的广告。一个成功的简单的广告词，很可能会在人们头脑中留下深刻的印象，于是，当需要购买这一类产品时，消费者的脑中率先出现了那个广告词，因此也就选择这一产品。

但是，作为消费者，除了受到广告词的影响之外，是否有真正了解过那些产品呢?

一些研究院曾经做过测试，针对女性使用的护肤品的各种功能进行评测，最后的结果竟然让人大吃一惊，那些价格相差了几百元的护肤品，在护肤功效上几乎没有什么不同。也就是说，那些追求昂贵品牌的护肤品的消费者们，可能常年以来都在这方面花了冤枉钱。比起听信广告宣传，倒不如去寻找更权威的依据。货比三家并不是小气的体现，仔细研究产品也并不是在吹毛求疵，希望花更少的钱来购买到更实用的东西，这是基本的生存法则。

避开营销术的陷阱，这只是改变消费习惯的一个方面，另外，在心理账户的设置上，也是一个需要注意的问题。总而言之，要有计划、有理智地消费，不可以盲目、跟风地消费。

其实还有一类人，他们也知道自己购买的东西未必真的物有所值，也知道很多时候花了冤枉钱，他们只是认为这样花钱，才保证了其生活质量，保证其在朋友、同事中的面子。其实这也是错误的消费习惯中的一种，不论这种消费习惯的源头是虚荣心，还是扭曲的价值观。

当出现错误的消费习惯时，我们只要找到错误的关键点，接着就应当将其纠正过来。如果只是出于虚荣心而消费，那么只要稍作衡量，就会意识到这个消费的性价比是有多么低，毕竟真正的金钱损失，换来的只是一时得意。倘若这部分金钱损失，对于个体收入来说不值一提，那就无须在意，但是如果这部分金钱损失对个体收入来说是十分可观的，那么用这样实在的损失，换来虚假的表面繁荣，到了出现真正的经济危机时，完全没有任何渡过难关的能力，就得不偿失了。

扭曲的价值观，有时候只有到了经济危机的时刻，才能看出其危害有多大。这种经济危机可能是社会性的，也可能是个人性的。如果一个人无法看清楚自己的价值观是否出现问题，那么只要设想一下，当社会进入经济危机，或者自身家庭出现经济问题时，自己是否会对这样的价值观产生怀疑，思路就会变得清晰很多。

二、那些会引起生活成本变化的内因

传统经济学理论认为，会引发生活成本变化的，只有市场上的各种物品和服务的价格变化。这个结论，是因为传统经济学并不会考虑消费个体的特性，当计算经济模型时，他们会将所有个体看作同一个模型，并将这些相同的个体相加在一起作为一个整体。但是，在行为经济学中，每一个个体都有其不同的心理状况，会引起生活成本变化的原因，也绝对不仅仅是市场上或者环境上的外因。

比如，当一个人看完某一本书或者某一部电影，就有可能产生了新的生活规划，可能会开始向往定期流动的，可能会打算开始学习新鲜事物，而这些新的变化，都会引起其生活成本的变化。

或者，当一个人的感情状况出现变化，生活成本必定也会出现变化。如果一个人打算进入一段新的恋情，那么恋爱期间的开销，也都会计入生活成本之中。自然，如果这个人失恋了，那么他也可能会通过各种娱乐或者旅游的方式，来治疗心理上的创伤，这时候，生活成本同样会发生变化。

又或者，一个人因为看到了某些社会群体的生存状况，他开始自我反省，决定改变原本的消费方式，这时候，他的生活成本便会降低很多。

所以说，引起生活成本变化的内因，并不比外因少，其作用力也不会比外因小。当由于内因而产生变化时，又应当如何做，才能保持一个家庭或者个人的经济水平正常运转呢？

1. 做决策时要考虑机会成本

首先，如果改变生活成本，是来自个体通过思考过后的有意为之，那么该个体在做决策之前，就应当先仔细考虑机会成本与利益之间的关系。

比如，一个并没有旅游习惯的家庭，因为个体的变化，决定为这个家庭增加每半年一次的旅游。那么，对这个家庭来说就需要在旅游获得的愉悦和为其付出那些成本之间进行衡量。

有时候，衡量成本与利益，不仅仅要看绝对值，还要看成本在全部成本中的比重。假如这个家庭一次旅游的消费，要占据这个家庭该月收入的四分之三，甚至全部，那这个家庭需要考虑的就是，这一次旅游的愉悦，是否值得以他们全家整整一个月的辛劳为代价。

机会成本是为了得到一个物品而放弃的东西。如果在将全部机会成本都计算在内之后，这个家庭认为旅游获得的利益比付出的机会成本要低，那么就应当放弃这一旅游计划。但是，作为提出旅游计划的家庭成员，他又十分希望能够实现这一计划，那最好的方式，就是全家努力提高家庭收入，降低这部分成本在家庭全部成本中的比重，当降低到这部分比重低于他们因旅游而获得的精神愉悦方面的利益时，这个计划就可以真正开始实施了。

2. 要让理智占据头脑的上风

还有一种在内因上改变生活成本的情况，就是个体的无意识行为。

个体因为想要改变生活习惯，因而改变生活成本，这是有意识的行为，这种行为可以通过各种数据的分析，来决定是否继续，但无意识的行为，因为其并未经历理性的过程，因此也就不可能依靠数据分析来控制。会产生在无意识中改变消费的原因有很多，多数与情绪失控有关。比如前面所说的忽然失恋，或者因工作出现问题而进入沮丧的情绪，或者因进入恋爱关系而过于兴奋。

当情绪失控时，又该如何控制生活成本？只能说，在情绪失控的状态下，人们并没有控制生活成本的能力，如果想要让生活恢复先前的状态，就要挽回情绪，让理智占据主动权。当一个人处于情绪失控状态下，他可能会采取各种手段发泄，当然，谁都有情绪失控的权利，唯独有一点，那就是不论情绪失控到何种程度，不要用生活成本作为发泄方式。

因为生活成本是一个人得以生存下去的基本保障，失去了生活成本，等于失去了生存的机会，如果连最基本的生存也无法保障，那么任何情绪都会变得无比苍白。

所以不论这个人已经变得多么感性、敏感、情绪化，当涉及生存的基本保障问题时，都要让理智占据上风。自然，不论我们多么努力去控制生活的节奏，我们仍然有可能遇到一些无法控制的事情，将一切节奏打乱。当出现突发问题时，生活成本必定也会急剧攀升。而之前一再强调的家庭的抗风险能力，也正是为了这种时刻的到来而凝聚的。正是因为可能会出现突发状况，在平常的日子中，学会理财，学会用理性的思维去消费，才显得弥足珍贵。

日常生活中的经济决策建议

经济这个词看起来，似乎只存在于经济学家、金融专家的研究领域之内，然而事实上，这个词比人们想象得更贴近人们的生活，经济决策，就发生在人们每天的日常生活之中。有一些并没有明显金钱流动的事件，也可以归为经济决策，只要涉及机会成本，涉及损失与利益，都可以算到经济行为之中。

在广义的经济学中，许多金钱之外的东西，都可以归在经济行为之中。确切地说，人们几乎任何时候，都处于需要做经济决策的状态下。正确的决策，或者说在某种概率下更趋近于正确的决策，可以让我们获得更多的利益，而错误的决策，就有可能为我们带来损失。因此，如何做出正确的经济决策，就成为人们需要仔细去思考的课题。

一、谨防各种心理效应的陷阱

心理学是一门十分复杂但又与人们的生活息息相关的学问，行为经济学正是架构在心理学之上的。在传统的经济学中，每一种理论都忽略了人们的心理，因此当研究过传统经济学后，会发现现实中有很多时候，事情并没有按照书本中所描述的方向发展，一旦理论无法结合现实，理论就成了空泛的东西。

传统学习中的理论作为研究经济模型的工具，仍然是强大而有力的，只不过，在考虑到具体现象时，就需要引入心理学的概念，通过心理学的一些视角，去探讨那些与经济学理论相违背的现象。

事实上，如果一个人可以掌握传统经济学，并按照传统经济学中的各种理论去安排自身的生活，那么这个人必定会在各种决策中做到游刃有余。其关键，有时候即便一个人已经完整地掌握了传统经济学，对任何一个理论都了如指掌，他仍然有可能在具体决策中做出异于常理的事情。而那些影响他思路的罪魁祸首，就是我们所提到过的各种效应。

在前面的讨论中已经可以看出，许多行为经济学中的效应，会令人做出与通过传统经济学理论计算后的结论完全相反的决策。在A与B两种决策中做出选择时，通过传统经济学的各种公式与模型去计算，会发现A是最佳选择，但是具体决策中可能会有更多的烟幕弹和诱惑。比如，在股票中投入金钱时，一支正在亏损的股票，如果按照概率去分析，及时止损才是最佳选择，但是人们出于损失厌恶的心理，他们无法认同割舍那些损失的部分，因此还是选择继续保留这只股票，只为等待一个股票回升的希望。

1. 损失厌恶陷阱

我们论述过，损失厌恶是人们的生存本能。当一个人厌恶损失时，他才能花更多的力气去保护原有的东西，才有动力去为了维护拥有的东西而做出努力。但这种本能并非万能，保护自身的利刃也有可能因使用不善而伤害到自身。这时候，就需要人们恢复理智。

在这里，我们作出一个假设，当你在某处丢掉100元后，你是否愿意花200元的交通费，去找回那100元？

看起来有些愚蠢，却是很多人都会去做的事情。而这就是损失厌恶的陷阱。这里探讨一个与金钱并没有明显关系的问题，当一份工作会令一个人消耗大量生活能量与情绪能量，那他是否还应当继续这份工作？这里的生活能量与情绪能量，就是指他的生活状态与情绪状态。比如说，这份工作会占用其大量的生活时间，压缩其用来娱乐和放松的时间，以及在工作期间，他无法保持情绪的愉快，每天都会感到十分沮丧。这样的工作，是否有继续为其投入精力的必要呢？

在回答这个问题之前，不如先想想，令自己沮丧的，究竟是这份工作本身，还是自己的心理状态？令自己的生活时间被压缩的，究竟是因为这份工作真的在安排上十分不合理，还是因为自己的工作效率太低？倘若在仔细分析后，得出结论的确是工作本身的原因，那么就应当及时止损了。

可现实中，许多处于这种状况的人，他们并没有止损的勇气，而是选择继续在这份工作上消耗自己的生命。造成这种原因的根本，并不是他们无法找到更好的工作，也不是他们对这份工作有多么深刻的感情，最大的原因，只是在于他们无法舍弃在这份工作上的工作时长给他们带来的各种福利和人际关系。换一份工作就意味着一切都要重新开始，而维持在原本的工作岗位上，就不会失去那些因常年工作而积攒下的员工的福利，以及那些已经熟络的同事关系。

无法下定决心放弃这些东西，也无法鼓起勇气去重新经营人际关系和工作时长。而在原本这份工作上持续的时间越久，一个人就越无法放弃这份工作，到头来，就是赔上了整个人生。

花 200 元的路费去找 100 元钱，还只能看作是一时糊涂，但用整个人生，去保留那些微小的福利和脆弱的人际，那就是得不偿失了。而损失厌恶的陷阱，实际是遍布在各方各面的。哪些沉没成本应当放弃，哪些失去的东西不值得用更多的损失去找回，在人们做日常决策的时候，需要计算清楚。

2. 时间贴现的错觉

我们做决策时，最容易受到时间贴现率的影响。当一件事情被摆在眼前时，我们总是会放大其利益，缩小其可能带来的损失。

正好比，减肥中的人是否应该吃掉眼前的那块蛋糕？正在工作期间的人是否应该出门去看一场电影？一份能在短期获得更多金钱的工作，是否应该去做？我们都知道减肥期间不应该去摄取高热量食物，但是当这块蛋糕被摆在眼前时，就会让人产生暂时的迷惑，会让人觉得这块蛋糕并不会为他的减肥计划带来多大损失，这份愉悦却远远超过了减肥成功带给他的快乐。

如果将这个场景放在更久以后，他的决策就会完全不同。因为当时间被延长后，这块蛋糕会给人带来的愉悦就被削弱了许多，而很显然，吃到蛋糕的愉悦并不能代替减肥成功的喜悦。短期内能获得更多金钱的工作也是如此，当这份工作被放在眼前，人们就会认为，这份工作能为其带来更多的价值，却忽略了为做这份工作所付出的机会成本。实际只要短暂计算一下，就能看出尽管这份工作会为其带来更多的经济效益，可为了得到这些金钱却要放弃更多的东西，比如身体健康，或是长远的职业规划。

时间贴现不仅仅存在于个人的短时期的选择内，也同样存在于组织或集体的长期决策中。一个最显著的实例便是环境保护，很显然，即便整个社会在不断强调环境保护的重要性，可仍然有许多企业甚至政府采取牺牲环境的代价来换取利益的决策。

因为对于一个地区或者一个城市而言，环境恶化在近几年甚至近十几年都不是可见的，而当前的利益却立竿见影，因此，即便是一个有着理性规划部门的组织，仍然有可能出现因时间贴现率而导致的错误决策。实际上，时间贴现率相关的决策，根本矛盾就在于短期利益与长期利益。在做决策的当下，是选择短期利益，还是长期利益，关键点在于决策个体更希望得到什么。

我们都知道放长线才能钓到大鱼的道理，在钓鱼者中，也有一个不成文的规定，就是当钓到小鱼时要将其放回河中，钓到大鱼时才将其收入篮内。这也是因为，短期利益有可能会伤害到长远利益，为了获得长远利益，就要放弃眼前的短期利益。

当需要为一件事情或者一项投资做出决策时，为了避免时间贴现率产生的错觉，不妨先将这个事件的发生时间与当前时间拉远，思考如果这个事件发生在更久以后自己会怎样去决策，那样利益的真正大小就会清晰许多。

3. 禀赋效应的偏见

禀赋效应是个容易让人戴有色眼镜的心理效应。人们对自己拥有东西的价值总是会盲目放大，这就使得人们时常无法狠心放弃自己当下拥有的东西。

在需要做出改变时，禀赋效应会体现得十分明显。不论换一份工作，还是一个环境，亦是一段关系、一种状态，禀赋效应都会及时跳出来，阻止人们去改变现状。

当一个人面前出现一个更好的工作时，他总是很难做出跳槽的决定，因为这个时候他会意识到原本的工作对他来说有多么重要，似乎任何工作安排都变得合理了，同事关系也更加融洽，尤其是如果新的工作与原本的工作的薪水所差无几，他就更难做出放弃原本工作的决定。而当那份新的工作的行业在后面的时间里得到了飞速发展，他却已经失去最佳跳槽机会。

许多人都有过一种体验，就是不论原本的生活环境让他感到多么糟糕，当由于种种原因，需要他到一个新的环境中生活时，他都会开始觉得原本的环境变得可爱起来。

当人们开始考虑会失去某样东西时，对这种东西的禀赋效应就会越发明显。所以对于恋爱中的人而言，在他们为这段关系感到厌倦想要放弃时，又开始找各种理由让自己坚持下去。

带着这样的偏见，人们便更加难以做出放弃沉没成本的决策。因此当需要做出与放弃相关的决策时，就要提醒自己，是否受到了禀赋效应的影响，那些要放弃的东西是真的忽然变得有价值起来，还是只是自己一时的错觉。

二、留出理性思考的时间

其实从前面的分析就能看出，会影响人们做出错误决策的很多原因，都来自各种心理效应产生的错觉。而要战胜这些错觉，最重要的就是恢复原本的理性。

《论语》中有一句话叫作“三思而后行”，便是告诉人们，做出任何决策之前，一定要三思，切不可依据一时的冲动。实际上，冲动很可能并非是一时的，可能会持续几天甚至几年。当然，这里所说的冲动，是指那些非理性的认知和决策。错误的认知甚至有可能会伴随人的一生，直到生命终结，也仍然有人不知道自己究竟错在那里。

因此这里要说的是，理性的思考，靠的不仅仅是冷静的情绪，更多在于知识的储备。不论做任何决策，要想提升决策的正确率，最关键的一点就在于要有足够的知识储备，要清楚各种原理，懂得整体的经济运作。

行为经济学探讨的主体是人们的心理变化带来的非理性的经济行为，而相应的，传统经济学探讨的就是忽略了人们的心理变化的理性人的经济行为。我们需要了解的知识，也就是理性人会做出怎样的经济决策。当需要做出决策时，首先应当让自己冷静下来，思考自己是否已经受到某种心理暗示的误导，是否被我们内在的心理效应影响了判断，然后再去思考，经济学中的理性人，在遇到这种问题时，会做出怎样的选择。

追本溯源，当我们做决策时，仍然要遵循经济学的十大原理，遵循基本的经济学模型，通过对经济学的熟练掌握，让自己获得最大的利益。

三、学会计算机会成本与边际利益

当排除了一切心理效应的影响，并对经济学理论有了一定的掌握时，我们就可以用理性人的思考方式进行日常生活中的决策了。

在经济学十大原理中，有一项是"理性人考虑边际量"。这一点在前面也有所论述，因为我们的日常决策中，绝大多数并不是非黑即白的选项，有时候只是在原本形状的基础上做出一点调整。

在人们的消费过程中，贪图便宜而买下过多的东西，这种事情是经常发生的，结果反而造成更多浪费。

造成这一结果的原因也就在于消费的主体并没有在消费之前就合算清楚自己付出的成本与得到的利益之间的关系。

一种商品在经过打折后，固然价格十分诱人，但不论价格为何，到头来买下产品的人都付出了一定的成本，那么作为消费的一方，就需要在内心做出衡量，这种成本为自己换来的究竟有多少利益，其中有哪些部分成本可能无法为自己换来任何利益，有哪些成本最终会变成沉没成本。

实际上，任何一种决策，都是成本与利益之间的博弈。大到国家与城市，小到家庭和个人，不论是哪方面的决策，当分析这一决策的利弊关系时，最后还是会归为机会成本与利益。

成本的涵盖范围非常广，付出的体力是成本，消耗的时间是成本，环境条件是成本，甚至人们的心情也都是成本。机会成本是为了得到某种东西而放弃的东西。

当一个人处于完全理性的状态时，就能够分析清楚，某项决策的机会成本都包括哪些部分，这些部分成本是否值得放弃的。对于不同的人而言，同样数量的机会成本的重要程度也有时不同，所以当一个人做决策时，也需要结合自身的情况以及家庭的情况去考量。只要能将机会成本与利益之间做出清晰的衡量，那么做决策时，也就能得到更清晰的答案。

第五章

经济生活中的诱饵和陷阱

价值与自我参与度

说起宜家，我们大部分的印象都是设计精良的家具，舒适的购买体验。在宜家消费过的人都知道，其中有一个十分有趣的过程，那就是我们买回来的家具通常都是半成品，需要消费者自己在家将这些半成品拼装成完整的家具。这种购买半成品在家自行组装的过程，或许宜家并非首创，但它确实引领了一种 DIY 风潮。而今，许多家具厂商也都开始采取这种贩卖方式。当然，这种需要组装的家具，组装起来并不会特别困难，整个过程更类似小孩子的组装玩具，只要按照说明拼装，花上一阵工夫就能够组装成功。

有趣的是，人们发现对于通过自身组装而完成的家具，喜爱程度往往比那些直接购买来的家具更深。尽管人们十分清楚这些家具同样都是花费了金钱的消费产物，但那些通过自己的双手组装的家具，就仿佛完全是自己的作品，而对于自己的作品，人们总是格外珍惜。这种因消费者自身的投入而引起偏差的价值判断，便是宜家效应。当然，对宜家来说，这只是一种营销策略。之所以家具可以由消费者自行拼装，完全是出自设计师的精巧计算，设计师计算出每一个拼装的节点，再给予消费者一种十分容易操作的拼装方式，就会为消费者带来自己为了得到家具而付出辛劳的错觉。但之所以这种错觉会出现，其根本原因在于，人们对于自身付出了辛苦投入的东西总会格外珍惜。

许多人的成长过程都会有过这样一种经历：孩童或者是少年时，总是喜欢向父母讨要各种各样的东西，对那段时间来说，得到心爱的玩具或者是衣物的喜悦超过了一切，而这种状况会一直持续到自己真正开始工作之前，当自己真的走上工作岗位，开始依靠自己的辛劳去赚钱的时候，会发现不论多么喜欢的东西，自己都不怎么舍得买了。因为付出的金钱都是自己辛苦工作的报酬。

孩童时期，向父母讨要的钱是轻而易举，但开始工作之后，得到的每一分钱都变得更加珍贵了，只有那时，手中的金钱才是有分量的，才是能够得到自身重视的。

宜家效应要说明的，也并非是消费者认为经过简单的拼装程序后就将家具当作是自己的杰作这种错觉有多么简单，而是人们是真的会对自己付出辛劳而获得的东西尤为看重。

人们对亲手参与制作的东西格外青睐，这种心理与禀赋效应有相通之处，但也有所不同。禀赋效应指的是人们会对自己拥有的东西更加青睐，而宜家效应比禀赋效应的青睐程度更深一些，因为这些东西并不仅仅是自己拥有的东西，更是自己参与制作的一份证明。对于这类东西，除了作为拥有者的占有欲，更有身为制作者的满足感。在禀赋效应中，失去一件自己拥有的东西，比获得一件同样价值的东西，带来的情感波动更大。而在宜家效应中，要失去一件自己参与制作的东西，就如同失去了自身的心血。如果说禀赋效应里，放弃的沉没成本，会被人在潜意识中有所放大，那么宜家效应中，放弃的沉没成本，则是真实包含了自己付出的辛劳与汗水。那些都是实际存在的，而不是虚假的心理错觉。正因为这种害怕失去自己参与制作的东西的情感十分强烈，人们就更难放弃这类东西，平时也会在潜意识中花更多的力气去保护这些东西。

许多商家也是抓住了消费者的这种心理，故而会在推销商品和贩卖商品的过程中，增加消费者的参与度。比如，有一种营销方式，是在推出产品之前，就让消费者参与进来，比如通过投票选择产品的设计，最后当被大家选出的那一款设计的产品被推出来时，总是更容易受到消费者的欢迎。许多商家都会推出一些个性化的产品，在这种产品中，消费者可以融入自己的设计，比如银行会推出个性化银行卡的功能，用户可以自己选择银行卡卡面上的图案；饮料商也会在饮料瓶子上做文章，用户可以定制具有自己设计样式的饮料瓶；箱包商也有箱包刻字的业务，这都是为了让消费者购买到独属于自己的与众不同的商品。

很显然，消费者主动参与设计的产品，总是会格外青睐和珍惜，以至于他们甚至愿意花费比原本的商品价格更高的价钱，来购买这份由其参与其中的服务。

这种互动式营销在娱乐行业中被应用得十分普遍，例如当下的各种选秀节目，都是通过增加观众的参与度，让观众浸入式地观看着每一期节目，那些被观众们投票支持选出的选手，对观众来说，不仅仅是会出现在电视屏幕上的公众人物，更是他们自己通过种种努力而推出的专属存在。观众们在一个选手身上投入的越多，在选秀节目的后期，对其的关注度也会越大。

这就是在选秀过程中，这些选手总是会得到明星级别的待遇，而在选秀节目结束后，往往都销声匿迹的原因所在。这些选手的最大价值便是在选秀期间得到的观众关注度，一旦选秀节目结束，节目组已经完成了一次完整的营销，不再需要这些选手，观众们也不再有任何渠道去为这些选手投票，观众们会渐渐淡忘这些选手，在下一次选秀节目中，再去支持新的选手。

粉丝文化的风靡也与其脱不开干系。如果说过去的娱乐圈中，粉丝文化只是一种自发性的行为，那么在当前的娱乐圈产业内，粉丝文化已经是由经纪公司主动去参与引导的文化了。与过去不同的是，如今的粉丝文化中，粉丝与明星决策的参与度非常高，甚至到了可以左右明星决策的程度。这种深入的参与度，也会令粉丝产生自己具有左右明星命运的错觉，粉丝甚至会忽略真正在经营明星工作的经纪公司，而无限夸大自身的影响力。而越是加重粉丝参与度的经纪公司，越能加深粉丝对其旗下艺人的忠诚度，这也是宜家效应的一种具体应用和具体表现。

一些游戏厂商也会使用消费者的这种心理增加用户的忠诚度，比如很多线上游戏都会推出让用户参与设计某些场景或者某些人物的活动，在参与活动的过程里，用户并不仅仅是玩家，更是制作者，当制作者为游戏做出一些改变后，这些玩家也会更难以舍弃这些游戏。所以，某些在线 RPG 游戏甚至会让玩家自己设计人物的形象和衣着，当设计完成时，进入游戏的形象便完全是玩家自己的杰作，玩家不但会对这样的游戏更加沉迷，也会更执着于让其亲手设计出的人物在游戏中得到更好的待遇。

DIY 文化的风靡也是宜家效应的表现之一。DIY 商品，看起来只是一些制作材料。人们购买这些商品，似乎也只是为了购买一些用于自身创作的材料，但实际上，许多所谓的 DIY 商品，都已经是半成品，甚至接近完成品。虽然人们会在 DIY 的过程中，享受到主动制作的乐趣，但实际上，这种乐趣的产生原因在于制作过程十分轻松。倘若完整的 DIY 过程都由用户自己完成，那用户多半就会放弃了，因为他们会发现，真正完全靠自己去制作一项成品，实际是十分困难的。可以说，所谓的 DIY 商品，只是一种虚假的贩卖心情的游戏。就如同宜家的家具，所有材料都被按照正确的尺寸裁切，所有应当打上的孔都被打得整整齐齐，甚至设计说明书都写得清清楚楚，消费者需要做的只是动手完成最后一道组装工序。这种参与，却能够为用户带来愉悦感。

当然，在 DIY 文化中，的确有一部分消费者，在买来材料之后，能够将自身的才华和设计融入其中，最终做出十分惊艳的作品。但是对大部分 DIY 消费者来说，他们仍然只是享受一个自己参与做出成品的过程，这个过程只要稍有难度，他们就可能会退出。因此作为经营 DIY 产品的商家，就需要掌握好这个度，要控制消费者在参与 DIY 过程的参与度，尽可能让消费者不会遇到太大的困难以致放弃。

以上，只是对于消费者的宜家效应心理，商家会采取的各种诱导方案。而对于每个个体，在生活中遇到各种需要决策的时刻，则要尽量避开宜家效应的作用。享受自己 DIY 产品的乐趣，享受自己组装家具的乐趣，享受参与设计游戏人物的乐趣，这些都只是人们自身的情感需求，无可厚非。值得警惕的，是在消费领域之外的那些决策时刻。

这与禀赋效应有些类似，而又区别于禀赋效应，宜家效应需要注重的点是，人们在某项决策上花费的精力越多，付出的成本越高，就越难以改变决策的方向。有这样一类人，他们可能是某个领域内的科学家，可能是某个项目的决策者，也可能是某个设计方案的参与者，或是某种政策的维护者，这类人的身上有一个共同点，那就是容易故步自封。这类人总是十分坚持己见，他们会不断投入各种人力物力，仅仅是为了证明自己是对的，就算在实施过程中，出现某些异常的现象，他们也会忽略那些现象，而继续原本的计划。这就是他们出现宜家效应心理的表现。

我们可以看出这与损失厌恶和沉没成本的区别在于宜家效应强调的是制作度与参与度，由于这些个体在这些内容中参与得过多，甚至已经成为制作的主体，他们就更加难以割舍这些项目或是决策等，不仅仅因为他们输不起，更是他们已经在其中付出了太多心血，如果放弃，他们甚至会陷入无所适从的迷茫之中。

所以，我们时常会看到一些年轻时候做出过许多伟大成就的科研工作者，到了晚年时，却出现不合常理的固执，他们开始去固执地追求那些错误的观点，而不接受任何建议和反驳。

有些人认为，这些人之所以会出现这种变化，是因为他们的年纪大了，头脑不再清晰了。实际上，对于一生从事科研的人来说，他们只是无法接受自己在错误的观点上的过多投入，而他们已经没有更多的时间和精力投入新的观点了，只有不断维护原有的观点，才能够保住他们的立足点，才不会失去重心。他们只是随着年龄的增长，变得更加害怕失去，更加不能接受花费的心血全都化为泡影的事实。

这种心态也不仅仅存在于年长人的身上，即便是初出茅庐的年轻人，如果在一个项目上投入了太多的精力，那他们也会尽可能花最大的力气去维护这些项目，哪怕后续的发展证明了这个项目有着严重的问题，他们也会去有意地忽略。

只是因为他们无法接受自己付出一番心血的东西被否定，甚至被抹去的结果。

无法接受错误是一种很危险的心理状态，这种心理一旦产生，会让人陷入无法前进的旋涡。错误本身是没有价值，甚至是负价值的，如果一个人为了维护这种无价值或者负价值的东西而付出努力，那么就已经走上了岔路，而且会在岔路上越走越远。

因此，当一个人出现这种心理时，就需要警觉起来了。

1. 要及时认识错误

不论是一个项目也好，还是决策也好，只要发现错误，就应当立刻纠正过来。如果认为自己不能认清楚自己正在投入的事物是否错误，那么就要加强学习，扩大视野，提升自己识别错误的能力。

有些人为了忽略进行事项中的错误，选择故意封锁自己的视野，忽略了解外界知识的途径，这只不过是自欺欺人的行为，只会令自己在错误中投入的成本越高，到头来，也不过是在增加沉没成本而已。

因此，我们一定要随时保持清醒，并提高能够察觉到问题的能力，尽量跳出当前格局，以第三者的心态去观察整个项目的进展，如果可以，去寻找一些同样在这种项目上有所研究的人，让他们去帮助衡量自己所做的事情正确与否。

2. 试着摆正心态

宜家效应心态本身无可厚非，但倘若一个人因为这种心态而去坚持一些不应坚持的东西，那么就是处在心态不正的状态了。

自己组装的家具总是更不舍得扔，自己 DIY 的成品总是比其他东西更可爱，这种想法，都属正常，但是，如果是投入许多精力到错误决策中，就没必要因为不舍而坚持了。

比如看中并投入了多年如今已经滑坡的某只股票，花了很多精力却总也学不好的某项技能，这一类事物总会令人十分执着。

执着是一种可贵的品质，但也要看清执着的对象是什么，心态和情绪固然重要，可理智地决策也同样重要。这种时候，比起顽固地执着，不如冷静地分析，如果继续投入成本，能换来多少利益，如果仍然无法换来任何利益，就是抛弃沉没成本的时刻了。

总之，宜家效应，对于DIY爱好者来说，无可厚非，对于对自身成果有自恋心态的人，也没什么不对。商家利用消费者的这种心态来营销，只是一种营销手段，无须指责。只是，当这种心态引起对错误决策的坚持时，则必须要及时制止，并快速重拾理智。

短期情绪的长期效应

在生活中，造成个人经济损失的原因有很多，其中占了很大比重的一项就是冲动消费。冲动消费，是指突然的、自发的、无计划地想要购买某件商品的欲望。可以说，冲动消费是所有经济损失中，最不应该发生的一项，但也是最容易发生的一项。

为什么人们会出现冲动消费?

当冲动消费发生时，消费者头脑中正常的消费模式已经被打乱。如果说，原本消费者的头脑中对于消费的认识是有序的，那么，发生冲动消费时，这种认识就变成了无序的。造成冲动消费的最直接的契机，来自消费者对某种物品的购买欲望，这种欲望与消费者维护秩序的意志力之间产生了冲突，当购买欲望战胜了意志力，冲动消费的行为便发生了。虽然购买欲望是直接原因，但是产生购买欲望的原因，以及购买欲望会战胜原本消费秩序的契机，就成了我们需要探讨的问题。

根据经济学家与心理学家的研究发现，会令人们产生冲动消费的原因，主要来自以下几点：

1. 遗传因素

冲动消费与遗传有着一定的关联。通常在一个家族中，如果某位长辈具有冲动消费的习惯，那么这个家族的后代们出现冲动消费的概率就比其他人更高一些。

如果完全将冲动消费的成因归结在遗传问题上，就太过草率了。如果一定要深入讨论遗传因素，那么我们会发现，之所以某一遗传基因下的人们更容易出现冲动消费，是因为这种基因类型所具有的性格特质容易增进冲动消费，或者此类基因类型的人更容易受到环境的影响。总之，并不是基因本身催化了冲动消费，而是基因催生的某些特点促使了冲动消费。

因此，探讨遗传基因对冲动消费的刺激的意义并不大，更有意义的，是在某些遗传基因下，催生的性格、处事心态等对冲动消费产生的影响。

2. 性格因素

性格因素造成的冲动消费，与遗传因素如出一辙，只是这里将冲动消费的成因放在了更加具体的描述上。

通过各种统计可以发现，不同个性的人发生冲动消费的比重也不同，外向性格的人比内向性格的人更容易发生冲动消费，而情绪敏感的人也比情绪稳定的人更容易冲动消费，此外，女性发生冲动消费的比重也高于男性。

不过，这只是在大方向上的概率，并不是一个外向的人就一定会发生冲动消费，一个稳重的人也未必永远不会发生冲动消费。只不过，在同样的条件下，某种个性的人发生冲动消费的契机更多一点。或者说，那些会造成冲动消费的触发点，在某一类性格的人的身上，更容易产生化学反应。因此，当探讨冲动消费的成因时，重点仍然该放在那些触发点，以及触发点对人造成的影响方面。

3. 情绪波动

触发冲动消费的一个最大的因素，便是消费者的情绪产生了波动，这种波动导致消费者头脑中原本的消费秩序被打乱，于是消费行为也发生了改变。情绪波动有很多种方向，而不同方向的波动都会造成冲动消费。

首先，喜悦的情绪是会造成冲动消费的。最常见的一种，就是因为看到令消费者感到愉悦的商品而产生的喜悦之情。这个商品未必是消费者需要的，但必定是会令消费者喜欢的。比如，当一个并不感到饥饿的人，看到橱窗里一个外形十分可爱的小蛋糕时，也会感到喜悦，不论是蛋糕上五彩缤纷的糖霜，还是被浇上奶油的草莓，都让人心情愉悦，而这种愉悦的心情，就有可能令消费者做出计划之外的消费——买下这个小蛋糕。因此，商家总是十分强调产品的品相，同样的产品，只要换一种包装方式，销量就有可能会翻倍，而请知名的明星为产品代言，也是为了让产品更能够令消费者产生喜悦之情，即便并非知名的明星，出现在产品广告牌上的模特也一定是外形十分靓丽的。

还有一种喜悦的情绪，未必来自商品本身，也可能是来自销售者，或者销售环境。如果一位销售者声音十分动听，或者形象十分优质，那么这个消费者因为心情愉悦，也可能打破原本的消费计划，做出计划外的消费。

其次，焦虑的心情也可能会造成冲动消费。有一类人，当压力过大时，就会通过消费来缓解压力带来的焦虑情绪。实际上，压力过大引起焦虑情绪的人，他们很可能在冲动下做出非理性的行为，不仅仅是冲动消费，还有可能冲动饮食、冲动毁物。总之，这种焦虑情绪会摧毁人的理智。

最后，悲伤的情绪，同样会造成冲动消费，当一个人过度悲伤时，他可能会对任何事情都失去兴趣，但如果不至于此，那么他就会本能地采取各种方式缓解这种悲伤，其中一种方式就是消费。

不论一个人是贫穷还是富有，消费都是能令人产生喜悦感的行为。因为在消费的过程中，可以令自己得到许多东西，人们对得到东西总是会感到愉悦的。当然，因为得到这些东西而发生的经济损失，在这种时候已经被人的头脑自动忽略了。

4. 社会环境

实际上，社会环境也是造成人们增加冲动消费行为的原因之一。如果一个社会的物质商品品样繁多，那么人们进行冲动消费的可能性必然也会增多。此外，如果一个城市或者国家为居民提供了更方便的购物渠道，也同样会增加冲动消费的行为。

从近十几年的经济发展分析可以得知，随着网络购物的发达，人们冲动消费的概率在直线上升，究其根本，就是网络购物让人们的购物行为变得太过便捷，消费者几乎不需要付出金钱之外的任何努力，就能轻易完成消费行为。

尤其是当智能手机流行之后，当购物网站转移到手机 App 上，消费变得比之前还要便捷，人们只需要动动手指，就能轻易买到自己想要的东西。在这个过程里，消费者甚至来不及在购物欲望与自身的意志力之间稍作分析，就直接完成了购买行为。尽管网络购物同样可以退货，可以取消订单，但大部分的消费行为一旦发生，消费者也就听之任之了。

我们知道喜悦的情绪很容易滋生冲动消费，而如今在许多的 App 上都会出现购物网站的广告，只要这些广告图片拍得足够漂亮，那么原本并没有消费打算的人点击广告去购买的概率就会很高。

冲动消费会带给人们哪些危害呢？

综上得知会造成冲动消费的原因非常多，并且在当今的社会环境下，几乎处处都存在着引发消费者进行冲动消费的陷阱，这也是为什么，即便在经济环境较为低迷的时期，居民的消费指数却仍然在上涨。

但我们又十分清楚，冲动消费并不是值得提倡的行为。

首先，冲动消费带来的最直接的危害，就是财产上的损失。对于一个对自身消费行为有着条理清晰的计划的消费者来说，每一次冲动消费，带来的财产损失都是显而易见的。原本计划中能够攒下的金钱，因为冲动消费而不得不减少，原本设想中在某个时间就可以实现的需要花钱的计划，也会因为冲动消费而推后。

而对于一个在消费行为上原本就没有什么秩序的人，接连的冲动消费，带来的就是混乱的理财。人的欲望是无穷尽的，一个人不论他的薪水有多高，他都有可能做出超过其薪水水平的消费行为，最后很可能会引起财政赤字，极大降低其经济上的抗风险能力。

其次，冲动消费间接影响到了整个理智链的秩序。冲动消费的定义，便是因为忽然产生的购买欲望，从而打破了原本理智性的消费计划。人之所以能够建立起有秩序的社会，脱离丛林野兽的状态，就是因为人会通过理智来控制自身的行为。人的理智分为很多种，控制消费计划的理智只是其中的一种。当一个人出现了冲动消费时，那就是购物欲望打败了控制消费的理智的一个信号。人的各种理智开关之间如同一片织网，当其中一部分理智链被打破，那么其他理智链就都会受到影响。

一个最明显的表现是，当一个人发生了冲动消费，那么在同一时间内，他很可能还会发生第二次、第三次的冲动消费。虽然引起第一次冲动消费的只是某一种物品，但一旦冲动消费发生，购买欲望便占据了头脑的主体。这时，即便是那些原本并不会引起消费者冲动消费的物品，消费者同样会开始产生购买行为。

而连续的冲动消费，会令人的物欲持续攀升，理智的占比持续下降。这时候，消费者就可能会做出其他非理性的判断或者决策，这种状况会一直持续到他重新冷静下来。

最后，不断地冲动消费，可能会扭曲人的价值观。当一个人在最开始出现冲动消费时，他可能还会感到不适，感到懊恼悔恨，但是久而久之，当这个人连续进行多次冲动消费之后，这种消费方式就会成为这个人的消费习惯。于是，他便从一开始的不适，变得逐渐适应这种购物方式。

事实上，这种状况正在当代的很多年轻人身上发生着。起初，他们只是在需要购买某种物品时，才打开购物网站，精准地寻找到那种物品，然后购物。但渐渐地，他们开始将逛购物网站变成一种消遣，他们看着那些漂亮的商品图片而感到十分愉悦，而后那些原本并不会引起他们注意的出现在各种网站上的广告，也博得了他们的关注了。

于是，这种看到喜欢的东西便买下来的行为成了他们的日常，但这种所谓随便买买的行为，几乎发生在他们的每个日子里，一旦仔细计算，就会发现这种购物习惯早已令他们损失了大量的金钱。价值观也就自此变得扭曲，许多人开始抱怨钱不够花，抱怨怎么努力赚钱都攒不下钱，却没有审视过，是否一部分问题出在自身的购物习惯上。

我们该如何制止冲动消费的发生？

前面论述过，冲动消费的发生，也有性格方面的因素，也就是说，对某些性格的人来说，冲动消费更有可能发生。但是，不论是哪一种性格的人，一旦发生冲动消费，带来的损失都是完全相同的。因此，当一个人真的做出了冲动消费的举动时，也不应该将其推给性格因素，而应当做出反省，努力避免下一次类似行为的发生。

冲动消费并不是无法避免的，只要我们意识到了冲动消费这一问题，就可以针对问题找出解决方案。

1. 做好理财记账

记账作为一个控制消费的途径，效果是十分明显的。

许多人之所以会冲动消费，便是因为消费计划不够明确，一旦消费过程被明确写在纸面上，这种摆在眼前的数据就会让人对自己的消费行为有更加明晰的认识。此时，即便是处于购物欲望占据上风的状态，也有可能会重新回到理智状态。

同时，记账本身就是一个整理自身理智的过程，当将每一次消费行为全都记录在纸上时，思维便会变得清晰起来，哪些消费是应该发生的，哪些消费是不应该发生的，也会一目了然，而到了下一次消费时，就会有更多的理智，用来控制购物欲望。

2. 切断那些便捷的购物途径

网络购物的确是一个令生活便捷的方式，但也令我们的消费行为变得更加盲目了。在现代社会生活的人，不可能完全避开网络购物，尤其是网络购物在节省时间这一点上，是能够提高人们生活效率的一种途径。既然不能避开网络购物，那么最好的避开在网络上产生冲动消费的方式，便是控制自己在网络购物上花费的金钱。

我们可以给自己设置一个列表，这个列表上写出我们可以通过网络购买的东西，而列表之外的东西，绝对不能在网络上购买，即便看到了十分诱人的广告，也不可以进行冲动之下的购物。

同时，我们要在网络的账户上只放置很少的金钱。有一些购物网站可以通过信用卡进行购物，但同时这些购物网站也会提供其他购物方式，我们要做的就是关闭信用卡购物的途径，选择用特定账户购物，而那个账户内，我们放置的金钱数目是固定的，任何时候都不能超出这些金额。

3. 保持一个良好的心态

冲动消费的一大成因就是心态上的不稳定，而保持良好的心态，就成为战胜突如其来的购物欲望的有效手段。

当因为某些原因，而造成心态上的焦虑时，不妨先放慢脚步，清空思考，寻找一些可以令心情平复的方式，比如散步、看书，或是听一些轻音乐。总之，在焦虑的状态下，最好不要做出任何决定，也不要做任何可能会令自己后悔的举动，适当地放松，找出令自己焦虑的原因，从根本上解决会令自己焦虑的问题，只要解决了根本，焦虑的情绪自然就随之不见了。

至于出现悲伤的情绪时，同样可以通过读书听音乐的方式去缓解，多去看看那些自己未曾看到的世界，当走出自身的小世界时，就会看到，自己的情绪比起广阔的世界，并不算什么。

而良好的心态，除了能够限制我们进行冲动消费，还会让我们在更多时候都能保持理智的状态，不论我们出于怎样的目的去培养心态，最后都会令我们获得意想不到的收获。

操纵他人选择的价格诱饵

我们先假设一个场景，某一天，你发现自己的背包坏了，打算上网去买一个新的背包。于是你打开网站的界面，找到了一个自己较为中意的款式，点进商品的具体描述后，你发现，这个背包要100元，但是如果买两个背包，则只需要花150元。

你会作何选择？

买一个背包需要花费100元，而买两个背包需要花费150元，也就相当于买一个背包只需要花75元，显而易见，后者更加实惠。

但这里，有一个问题是，你真的需要两个背包吗？可能你会说，你可以买两个背包，另一个送给你的朋友。当然，你可以这样做，然而，不能否认的是，这并非你最初的消费目标。

而如果完全按照你原本的计划，那么你只需要花100元，便可以完成这一次交易，但结果，你却花了150元。

同样的事件还发生在逛街的时候。天气很热，你想去路边的冰淇淋店买冰淇淋解暑，当你来到冰淇淋店前，却看到店外贴出了一个广告，上面写着“第二份半价”。

这个场景是不是很熟悉呢？

结果，你选择买了两个冰淇淋，并且觉得自己在这个过程中得到了实惠。

而这，就是价格诱饵。

价格诱饵是商家的一种十分常用的营销手法，消费者哪怕花了更多的钱，可还是会认为自己做出了正确的选择，甚至认为如果做了另一个花钱更少的选择才是吃大亏。

为什么消费者会轻易对这种诱饵上钩，甚至直到交易行为结束，自己也对被诱饵诱骗的事实浑然不觉？

行为经济学的解释是，因为当人们在做出选择时，总会选择一个参照点去对比。对于消费者来说，他们并没有洞察一切的能力，可以去计算出某个物品的真正价值，他们只是会在不同的价格之间进行比对，从而选择出对自己来说更加实惠的那一项。

对消费者来说，他可能无法分辨不同冰淇淋店之间的冰淇淋性价比的高低，但他足可以分辨，同一家冰淇淋店的同一种冰淇淋的性价比。于是，甚至不需要思索，他们就会选择更实惠的那一项。

也有人并没那么愚蠢，他们不会自己单枪匹马去买冰淇淋，而是选择跟朋友共同购买冰淇淋。这种方法看起来似乎的确是得到了实惠，可这种做法的前提是，你必须跟一个同样想要吃这种冰淇淋的朋友一同上街，并且，你是真的很希望与这个朋友上街。这个条件看起来就有些难以同时满足了。

这样整体分析来看，就能发现，其实在逛街时，两个人同时想要吃同一种第二个半价冰淇淋的概率，实际并不高。

可第二个半价冰淇淋的销售成绩依旧十分可观。原因就在于，人们宁愿在事实上损失了金钱，还是会在交易时尽可能做出更实惠的选择。那么，第二杯半价的冰淇淋，是否真的更实惠呢？

如果仅仅从性价比上来说，答案当然是肯定的。既然如此，又为什么要说这种营销方式是价格诱饵呢？答案就在于，作为消费个体而言，除了要考虑物品的性价比，还要考虑自身的需求。

某个物品，哪怕它真的性价比很高，哪怕商家已经在赔本销售，但如果你完全不需要这种物品，那么它对你来说的价值就是零。

在最开始的例子中，买两个背包，从物品本身的价格看来，自然是比买一个背包更实惠，但你需要的并不是两个背包，因此，你就是在花更多的钱，买一个你并不需要的东西。

冰淇淋的购买过程也是如此，尽管冰淇淋店一再强调，这个店的这款冰淇淋是第二个半价，但你还是会在内心自动将两个冰淇淋的价格平均分摊。

性价比其实是一个模糊的概念。当描述某种物品时，人们常常会形容，这个品牌的这种物品性价比很高，另外的那个性价比很低，还会强调，当决定购买时，一定要仔细测评物品的性价比。但实际上，同一个物品，对不同的人来说，性价比也是不同的。

一个各方面功能都很齐全，质量上乘，价格又比同类型其他产品的价格低了10%的轮椅，它的性价比，从表面上看来，是很高的，但那只局限于需要以轮椅代步的人，对于身体健康强壮，可以自行行走的人来说，它的性能并没有任何用处，那么性价比自然也就是零。

可当面对价格诱饵时，我们却会对这种完全不需要的东西做出购买行为。

再比如说，我们去饭店吃饭时，有些饭店会在某个时期推出一些优惠，比如，只要你多花5元钱，就能得到一份店里原本定价15元的菜样，而前提是你的消费数额已经达到50元。

那么当我们点完了餐，发现花费只达到48元时，该怎么办呢？只要再多花2元钱，添上5元钱，就能多得到一道价值15元的菜了。如果现在就结账，那不是显得很可惜吗？但是店内最便宜的菜也要5元钱，没办法，为了能获得那个加菜的特权，就又多花5元钱点了一道菜，这时候，已经花费53元了。既然达到加菜特权，那自然不应该放过，于是又多加了5元钱，成功获得那道价值15元的菜。就这样，一顿本来48元钱就能结账的外食，到最后却花了58元钱，并且多买了两道并不是自己想要吃的菜。

“某种购买途径更划算”“某种购买途径太吃亏”，这两种心态是商家为消费者步下价格诱饵的关键。哪怕更划算的途径会令消费者花费更多的钱，吃亏的途径反而能令消费者花费最少的钱，消费者还是无法接受看起来吃亏的消费方式。

要想避开这种价格诱饵，实际上就是将关注点放在我们实际消费的数额以及我们真正需要的东西上面。

背包破了，需要再买一个背包。第二个半价的冰淇淋也是如此，首先要确定自己的需要，如果真的需要两个，那么购买两个没什么问题，但如果只需要一个，那就完全没有必要多花5元钱再去购买另一个。

至于某些商家的添加多少钱就能得到某种赠品的销售方式，不要去看那种赠品的实际价格，只要看自己是否需要这个赠品以及是否进行了计划之外的消费。

当然，价格诱饵并不只是存在于两种选择中。有时候，商家会设置许多种选择，其中的一些选择，是商家根本没考虑让消费者去购买的项目，商家希望消费者看到的是那些选择之外的其他选择，那些虚假离谱的选择，不过是商家为了促使消费者购买他们真正在推销的某商品的诱饵。

几乎每一个品牌的每一种产品，都会有最高端的一种和最低端的一种。最高端的那种，价格贵得离谱，而最低端的那种，价格十分低廉。

那么这些不同挡位的产品的销售情况如何呢？只要稍作统计就可以发现，这些产品的销售状况是梭子型的，也就是最高端和最低端的销售量都不多，最多的是中间的部分。最高端的那款产品，让消费者看到的是该品牌的产品性能，最低端的那一款产品，让消费者看到的是这种产品的基本价值，在两者之间进行比对，最后消费者会选择价格没那么高，功能也没那么少的那一款。这种现象被称作"避免极端"，就是人们会本能地避开那些边缘化的选项，而去选择那些分布在中间的选项，这样看起来显得更加"安全"。当然，是否真的安全，谁都很难说清，人们只知道，如果一个商家可以将其产品的价格定得足够高，那消费者就会对其产生足够的信任，在这种信任之下，即便最后消费者并没有选择最高价格的那一款产品，他们也会去选择相对来说比较低端，又没低端到边界的那部分产品。

面对这样的价格诱饵，作为消费者又该如何保持清醒呢？

实际上，作为消费者，并没有必要过多在意商家的这种设置，尽管商家会通过这种价格设置让消费者进行参照，但当消费者在购买商品时，最好还是从自身的需求出发，再去横向比对其他品牌的同类型产品。

总之，不要被商家设置的高价或者低价产品迷惑，也不要盲目追求高价，应该保持一个清醒的购物头脑，不要落入价格诱饵的陷阱，但也无须因存在价格陷阱而对产品本身产生偏见。

实际上商家与消费者是在利益的绳子上拔河的两端，每一方都希望能获得更多的利益，重要的是两边都得使出足够的力气，才能让这场拔河保持平衡。在市场交易中，商家永远不会放弃拔河的力量，而且会使用各种途径增加自身的力气，而消费者就很容易疏忽，容易完全被商家牵制，如果消费者彻底失去思考能力，那么拔河绳子也就彻底被拉到商家的那一边了。

但消费者与商家也并非是敌对的，消费者也需要通过购买商家的产品，来保持自身的正常生活，作为消费者，需要保持清醒的部分其实只有一个，那就是只花应该花的那部分钱，不要因为任何诱饵或者陷阱，而去做多余的花费。在商家通过消费者的心理而采取各种促进消费的方式时，消费者也要看清楚商家的真正目的。知己知彼，才能百战百胜。

免费是一个陷阱

赠品这个词，对现代社会的人来说，早已不再陌生。在当今的社会中，几乎每个角落都会出现赠品。逛商场时，会遇到消费达到某个数额就能得到某种赠品的优惠；走路时，会听到免费赠送和试吃的吆喝声；上网时，会出现免费赠送价值几百元商品券的广告。

似乎我们正处在一个到处都是“馅饼”的时代，仿佛总有些慈善家想要无偿奉献。

但我们从小得到的教训便是，天上并不会掉馅饼，如果真的掉了，那极有可能是个陷阱。实际上，当今的经济市场的环境下，消费者早已习惯了赠品，如果买一件东西，却并没有获得任何赠品，消费者总会感到有些吃亏。有时候，消费者还会主动向商家索要赠品，是因为消费者想让自己在这场交易中显得不那么吃亏。因此，商家也都各自改变策略，主动在产品的销售过程中添加赠品，让消费者满意而归。不过，商家作为销售方，永远不会让自己陷入赔钱的境地，他们只会尽可能地让自己获取更多的利益，既然消费者习惯于向商家索要赠品，那么作为商家，他们就会反过来利用消费者的这种心理，为自己谋取更多的利益。

1. 满消费金额而获得的赠品

这是最常见的在赠品中设置陷阱的方式。比如，在某个店内，购买各种商品的总数额超过一定额度，就可以获得店家准备的各种赠品。而且，不同数额的消费，所获得的赠品也不同，二者之间呈现一个成正比的趋势。

这样的陷阱就十分明显，很显然商家是希望消费者能够尽可能地在店内多消费。作为消费者，如果是买了许多东西，但是没有达到可以获得赠品的数额，这个时候消费者就可能做出自身计划之外的消费，仅仅为了能够获得赠品。会产生这种想法也算是人之常情，因为只需要多花那么一点钱，就能多得到额外的东西，因此消费者也不会因为多花了一点钱而感到惋惜。他们只会高兴地拿赠品，满意地完成这一次购物体验。

当然，有些商店并不会采取这种简单粗暴的方式去诱导顾客花更多的钱，他们会采取积分制。消费者可能这一次消费并没有达到可以获得赠品的数额，但却可以将购买过的商品通过积分的方式保留下来，下一次再消费时，还会继续累计积分，当积分数额达到可以获得赠品的数额时，消费者就可以领到其赠品。积分制比前一种要人道许多，在积分制的设置下，消费者就不会刻意在一次购物行为中做出超出计划的消费，他们会在下一次购物行为中补齐上一次没有买够的数额。

但事实上，这也是一种陷阱，那就是人们为了提高自己的积分，同一个消费者必定会在这个商店持续消费。

不论如何，这种满消费金额获取赠品的销售方式，在所有赠品陷阱中是最为温和的。因为购物是一个消费者的刚性需求，人作为社会性生物，必须通过去购买商家销售的商品，才能满足基本的生活需求或者精神娱乐需求，而同样是购买，其实去哪个商店，对消费者来说并没有什么不同。选择同一个商店累计积分，对商家来说是一种促销行为，而对消费者来说也只是举手之劳。

因此即便消费者很清楚这里的赠品只是商家的销售手段，也仍然愿意配合商家的规则。

当然，大部分商店都会选择在某个时间点将积分清零，如果消费者没有及时去用积分换取赠品，那么过了那个时间点，之前积累的积分便会消失。

因此消费者们总会在积分清零之前尽可能多地购物，将积分累计能达到领取赠品的数额。而出现这种心态的消费者，则是落入了商家的陷阱中。

2. 名为赠品的高价商品

还有一种玩着文字游戏的赠品，相对于满数额赠送的赠品来说，这种赠品所带来的陷阱就更深了。

有时候，我们走在街上，或者在某个商场内，会听到免费赠送的宣传声，这种时候，就应当警惕，这真的是在免费赠送，还是名为赠送，实则销售的行为。

有些商家为了打响产品的知名度，也会选择在商场或者路边开展赠送行为，这种时候赠送的多数是一些样品，并且一次不会送出太多，目的只是让路人对这种产品产生了解。而这些路人中，只要有那么一小部分真的喜欢上这种产品，那么这个赠送行为就是有意义的。

商家的这种行为仅仅是一种推销手段，与向路人发传单没有太大分别，这种情况下的赠品，消费者也是可以接受的。但是，那些在路边喊着免费赠送的推销者们，却并非都是上述的正常的推销行为。许多时候，路人被免费赠送的口号吸引过去，当受到推销员一番语言轰炸之后，才得知要获得该赠品是有条件的。有的是要求路人留下姓名和联系方式，用联系方式换取赠品，有的还会直接要求与路人交换社交网络的账号。

这种索要联系方式的赠送行为，也是相对温和的。尽管后续的发展，通常是该路人开始不厌其烦地接到商家的推销电话，但大部分路人会认为既然已经得到了对方免费赠送的东西，不留下真实信息似乎也说不过去，殊不知其自身的信息也是一种资源，这种资源可能要比那一份赠品值钱得多。

不过，还有一种免费赠送，并非仅仅是要求路人留下联系方式，他们会要求路人必须买下另外某种东西，再捆绑赠送所谓的赠品，实际上，还是在要求路人消费。这些出现在路边上的赠送，其实都很好拆穿，而一些出现在网络上或者电话中的赠送，就是更难辨别的陷阱。

比如，消费者可能会在浏览购物页面时，看到某个店家有赠送某商品的活动，过程中完全是免费赠送的，消费者唯一需要付出的，就是邮费。这看起来也无可厚非，毕竟商家已经免费送出东西，既然是网络赠送，那么就要走快递，而这份快递钱，又不可能让商家赔钱支付。作为买方，付快递费，再让商家将赠品邮寄过来，看似也没有什么不对。

但问题就出现在邮费上面。如果商家向买家提出的快递费是10元，那么其实际寄出赠品时，可能只花了7元快递费，而那个赠品的价值可能非常微小。整个过程只不过是商家通过赠送的方式，向消费者卖出了自己的产品。

还有一些电话推销，也会提出向消费者赠送某种东西，条件是需要消费者付出海关费、快递费。总而言之，在商品到达消费者的手中之前，消费者已经实打实破费了不少。

想要避开这种陷阱，也很简单，只要时刻记得，真正的赠品，是不会让你破费的，只要让你花了钱，你就要警惕其中的陷阱。

3. 看起来像赠品的捆绑销售

在商场的货架上，时常有这样一种现象，某个商品跟另外一个同品牌的其他商品被捆绑在了一起，其中一个商品上面被贴上了赠品的标签。

这种时候，通常就会令消费者产生一种错觉，那就是，消费者会认为捆绑中的其中一个商品是商家卖不出去了，只好作为赠品与另一个商品摆在一起。当产生了这种认知，消费者就会去购买那个捆绑了其他商品的物品，并认为自己捡到了便宜。

殊不知，如果消费者再多留心观察，就会发现，这个捆绑了其他商品的商品，其标价比没有捆绑其他商品的同样的商品，贵出了许多。而贵出的那一部分，就是被捆绑在上面的另一个商品的价钱。也就是说，虽然另一个商品被打上赠品的标签，但实际上，它并不真的是赠品，而是实打实需要消费者为之付出金钱的商品。这两个商品共同销售，也并非是因为其中一个商品卖不出去，这只是商家的一次捆绑销售行为。这就与添加多少钱便会赠送消费者某个东西的道理相同，说是赠品，不过是要消费者再去花上一笔钱，来购买某个他们并没打算购买的东西。

这种赠品陷阱，就非常狡猾，因为比起达到积分获得赠品这种明显的促销行为，这种行为完全可以算得上是欺骗。

但倘若消费者指责商家欺骗，又没有站得住脚的论据。商家完全可以说，那个被捆绑的商品的确就是赠品，只不过这个捆绑了其他商品的商品，就是比没有捆绑其他商品的商品要贵一些，商家的这种诡辩完全没有错。错的的确是消费者一方。但消费者犯的错误并非是误信了赠品，而是不该对商家抱有太过仁慈的认知。

商家是在与消费者进行交易，商家的立命之本就是在交易中为自己谋求利益，指责商家诡计多端，都是没有意义的，因为商家就是要通过各种方式来从消费者那里获得更多的利益，这是商家的本性。

消费者在消费的过程中，需要时刻认清楚商家的这一本质，只要了解了商家的本质，就不会产生自己可以在商家那里轻易得到便宜的错觉。

不论如何，消费都是一个失去金钱的过程，既然要失去金钱，就应当让失去的金钱更加有价值。

4. 一步一步请君入瓮

还有一种通过赠品诱惑消费者的方式，与前面的几种都不同。

前面几种，不论诡计多么多端，陷阱多么巧妙，终究还是商家的正常促销行为，但这里说的这种，比起促销，倒不如说是真正的骗局了。

有一种捉鸟的游戏，是在路上撒上一些鸟食，每隔一段距离就撒一点，小鸟吃到了喜欢的食物，就会沿着人们撒食的方向，一点一点向前移动，到最后，来到一个被支起的篮子下面，正欢乐地享受食物期间，忽然篮子落下，小鸟被扣在了中间。

在一些设局的人的眼中，消费者就是这样的小鸟。

有一种骗局，主要针对的是判断力差的老年人，但实际上对年轻人也同样管用。只要是对赠品有着不理智的偏好的人，就都有可能入到这种局中。某个新开不久的店，为了促销开始搞活动，只要交一定的押金，就可以免费获得许多物品，而领取了物品的人们，只要在一定时间后，为店家反馈产品使用感受，就可以取回押金。

看起来，这是一个店家在推广其产品的过程，但毕竟要拿出钱来，许多人并不敢真的投入太多，他们只投入那些跟所得物品差不多的金钱，这样即便最后拿不回押金，至少也得到了那些东西。

谁知过了一个月后，当他们反馈使用体验之后，却真的领回了押金。于是，众人感到放心，知道这些物品的确是免费送回的了。当然，事情并不会到此结束。当人们交回使用反馈后，店家还是不断通过对方留下的联系方式联系对方，希望对方可以参加下一轮的活动，甚至希望对方能够成为店内的会员，会员获得的实惠将会比非会员时期得到的东西更多。

由于已经尝到过甜头，这一次很多人都选择加入会员，并投入更多的押金。事情发展到这里也没有什么问题，他们的押金被分期返回来，同时被返回的还有店家送给他们的各种赠品以及作为会员而得到的店内的分红。人们开始发现，在这个店内，投入的越多，自己就能得到越多，这不仅仅是个领取赠品的过程，更是个投资的过程。就这样，终于到了收网阶段，店家提出希望之前的老会员们能成为店内的股东，只需要交够押金，就能定期吃到店内分红，并且押金会在今后的时间里被分期返回。

此时，消费者已经与店家之间结成了足够的信任关系。消费者选择继续投入金钱，并期待未来更多的实惠。

然而几天后，这个店却人去楼空。

付了押金的会员们发觉问题不对，开始报警，警察却一无所获，因为这个店里所有人用的都是假名，根本无迹可寻，这些消费者们只能眼睁睁看着对方卷走自己的血汗钱，消失得无影无踪。

显而易见，这是一场引君入瓮的骗局。

然而为什么，会有那么多的人被这种骗局迷惑？为什么这种骗局可以一而再再而三地成功施展？

原因就是人们的贪便宜心理。赠品陷阱能够诱人上钩，最大的原因就是利用了消费者希望能贪到便宜的心理。因为在广大的消费者群体中，总有一部分人十分天真，他们真的相信商家能够让自己占到便宜，真的相信有天上掉馅饼的机会。

销售是一门学问，而消费也同样是一门学问，如果不想轻易掉入商家设置的陷阱，最关键的一点就是要保持清醒，不要被自己的一时侥幸冲昏了头脑。

提前满足还是延迟消费

延迟策略是商家为了能够迅速适应市场的需求，而推迟某个或某几个在生产链上的环节，直到能够完全确定市场需求后，再去补上该生产环节的一种策略。对商家来说，这是一个可以降低成本减少损失的方式。

在消费者中，同样存在一种延迟策略，就是出于各种不同的原因，消费者在购买过程中，推迟某一项环节的实施，以满足自身购物需求的策略。消费者可能是推迟付钱，也可能是推迟拿到购买的物品。

延迟策略是在20世纪中期被提出的，当时主要应用于一些生产企业。具体的延迟方式有以下几种：

1. 设计环节的延迟

一些商家会延迟产品设计的部分，在材料、生产工具都已经具备的情况下，唯独迟迟不设计产品最终形态。这个行为看起来有违常理，但对于多变的市场来说，却是明智之举。

通常一个商场要推出某种产品，第一步便是设计，接着再通过设计方案，来确定对材料的采购，确定具体加工的方向。可以说，设计是一个产品的灵魂。但这里有一个很大隐患，那就是，如果这个设计不能得到市场的青睐，那么厂商将会遭受巨大的损失。

当然，一些大型厂商多少都具有市场预测的能力，也会有专门分析消费者心理的人士，因此设计推出的产品多数时候都是能得到市场认可的。

但如果同类型的厂家有很多，厂商与厂商之间竞争十分激烈，那么略逊一筹的设计就有可能不会受到消费者的青睐。在经济历史中，也有很多这样的商家，因为某个产品的市场预测不足或者同类型产品过于优秀，最后导致某个产品遭受市场“滑铁卢”，甚至给整个品牌带来无法逆转的损失。

要避免这种情况的发生，延迟设计就成了一个十分聪明的选择。比如，一些商家会先让其目标客户群自行参与产品设计，根据他们的喜好去选择产品的具体设计细节。某些玩具公司就会先让孩子们选择自己喜欢的玩具类型、颜色、功能等，再根据调研结果，推出个性化的产品。由于这样的产品完全出自消费者自身喜好，也就极大地提升了市场欢迎度。

2. 采购环节的延迟

这种延迟主要的作用是降低库存成本。因为保存材料也需要消耗成本，除了要消耗保护和存储材料的相关成本，还要消耗材料本身的损耗，如果这些材料本身价格昂贵，那么实在没有必要大量存储。

此外，还有一些原材料的保质期很短，如果提前大量购买，那么很可能由于原材料的损耗使一部分原材料还没有被送上生产线，就已经无法使用了。

这种延迟通常在精密电子产品以及食品行业中较多被使用。食品行业因为要保证食品的口感和安全，必须保证原材料的新鲜，而食品行业的原材料是最容易因保存时间过久而很快过期或者因保存不善而发霉等。与其冒着材料被浪费的风险，不如在生产环节开始前的最后一刻再购买原材料。

精密电子产品也是如此，许多部件如果不是通过特殊方式，很难被保存完好，既然不能保证被完好保存，那么在组装之前才开始购买就是能将损失将到最低的方式。

3. 延迟生产过程

生产过程是整个生产链中最后的一环，也是最关键的一环。这一环节同样可以被延迟，也就是延迟到消费者提交订单之后。

延迟生产也是一种有效降低沉没成本的方式。因传统生产方式都是先生产出成品，再将产品投入市场，所以这种延迟生产的方式便显得有违常规。尤其在市场对产品的需求十分紧迫的条件下，延迟生产可能就会造成供不应求的局面。但对于一些市场需求没有那么紧迫的产品而言，延迟生产就成了一个更好的生产方式。

对于那些生产周期很长的产品。延迟生产是不可行的，比如食品原材料的生产，需要经过半年甚至更长的时间，才能得到成品。但如果是生产周期较短的产品，比如某些机械或者零件，那么在得到订单量后才投入生产，就反而成了常规的生产流程。

以上可以看出，延迟策略的应用范围实际上非常广泛。商家与消费者之间也并不是绝对的先生产后消费的关系，生产与消费完全是可以交互进行的，消费者甚至还可以全程参与到生产过程之中。

在市场经济里，如果商家想要不被套路限制，就绝不能墨守成规，必须保持着时刻准备变通的头脑。在市场中，没有任何事情是一成不变的，甚至没有任何一种经验是万能的，随着市场形态的变幻，过去的一切经验可能都要被抛弃，而商家必须具备一个能够捕捉到市场上的任何新趋势的雷达，才能让自身免于落入被市场淘汰的洪流之中。

当然，这个状况也同样适用于人们的日常生活，只有随时观察周遭环境的改变，自身再根据环境而进行调整，这样才不会令自己遭受太多损失。延迟策略不仅仅被商家使用，同样也会被消费者使用。随着市场经济的发展，已经有越来越多的消费者会进行延迟消费，从而达到良好的购物体验。

1. 延迟付款

分期付款是比较普遍的现象，接下来，我们探讨几种在消费者群体中会产生的延迟策略，也是延迟付款的最直接的体现。

分期付款主要应用领域是购房购车，因为房产与车本身的价格较高，可能会超出消费者目前的消费水平，而为了能够在达到该消费水平之前便享用到房产与车辆的便捷，商家便会提供给消费者一个分期付款的方式，通过将付款的时间段拉长，从而满足消费者的购买欲望。

分期付款的时间段可以很短也可以很长，其好处是，在没有足够流动资金的情况下，能够提前得到超出目前财力的东西，或者虽然流动资金足够，但如果一次付清所有的钱，会对未来的一段时间内的生活造成影响，采取分期的方式则既不影响到正常生活，又能提前获得想要的商品。自然，分期付款也有其缺点，那就是任何一种分期付款的方式实际上都是一个在购买之前先租借的过程。虽然在钱款付清之后，这个购买过程才算真正完成，但在整个过程里，必然少不了要付出一些租金。如果整体上来计算，分期付款总共花的钱，一般情况下都会远远高于一次性购买的花费。

这里便需要思索一个问题，就是是否值得付出额外的金钱，来获得提前的商品使用权？当然，如果类似房产这种刚需，消费者几乎是没有选择权的，一次性买下整套房子的消费者并不多，大多数人都只能选择分期付款的方式，即便知道会花费更多的钱，却也在所难免。

而这便是我们如今的市场怪圈，年轻人明知并不划算，可还是会纷纷选择通过分期的方式购买房子，而买房的需求增多，换来的便是房价的不断高涨，房价继续涨，年轻人只会在购买房子的过程中被更紧地套牢，甚至许多人家庭收入的三分之二都要用来还房贷。

当然，这已经不是每个家庭、每个人的独立问题，而是整个社会经济的问题。

信用卡也是一个延迟消费的途径。而我们知道的是，在信用卡风靡的美国，实际上多数居民的抗风险能力很低，一旦发生经济危机，很多居民面对的便是即将饿死的局面。其原因就在于，他们习惯了延迟消费，习惯了先去花那些并不属于他们的钱，结果就是当失去还款能力时，生活立刻急转直下。

所以关于延迟消费的问题，消费者有决定其行为的自由，但也要有承担风险的准备。

如果是理性的人进行消费，那么在多数情况下，理性者并不会先去考虑其购买欲望，而是先去考虑这个消费过程中的机会成本。一个物品的机会成本是为了得到它而放弃的东西，延迟消费的机会成本也是如此。

为了提前得到一个房子，放弃的是今后生活中，每个月收入的三分之二，还放弃了比一次性购买房屋高出许多的金钱。关于多出来的金钱，作为消费者，如果完全没有一次性购买房屋的能力，那么这部分便不必算在机会成本内，因为他本身并没有这些金钱，也就无所谓放弃了一次性购买的机会。当然，如果该消费者在未来的某天可以攒够金钱，拥有一次性购买的能力，那么这部分机会成本也要被算在内。

理性者决定是否买房的契机，便在于与放弃的这些机会成本相比，提前得到房屋的利益是否更高一些。如果更高，那么便购买；如果并没那么高，就可以暂时搁置。

用理性者的思考方式去思考的好处在于，一旦做出决定，便知道这个决定对自己来说是否是恰当的决定，未来也就不用为被放弃的那些机会成本而后悔，因为在选择购买与放弃的机会成本之间，你已经做出过理性的衡量。

至于信用卡消费，习惯使用信用卡消费的一大机会成本，便是放弃了自身及家庭的抗风险能力。这里并不是说不可以使用信用卡，但最好是在完全不会影响到自身抗风险的经济能力的前提下再去使用，也就是指要有一定的存款，且存款必须远远大于每个月会通过信用卡使用的额度。这里的存款可以是金钱，也可以是其他东西，比如某些可以兑换成金钱的物品。

2. 延迟收获

延迟收获主要应用于一些保险和理财产品方面。我们都知道，在这一类消费中，消费者要先不断投入金钱，一直到某个时期才能得到完整的回报。

延迟收获是一种投资方式，是通过一个确定能够得到收益的途径，将金钱投入进去，几年后，不但可以拿回自己原来的本钱，还能拿到这部分本钱在这段时间内通过金融机构的各种操作而获得的收益。

延迟收获还有一种应用方式，就是缴纳定金。这种购买方式，通常是在商家生产出产品之前，先支付给商家一部分定金，在商家的产品被推出之后，再支付尾款。这种消费的好处在于，提前缴纳定金的消费者往往比直接购买产品的消费者花更少的钱。商家一般都会给提前支付的那部分消费者足够的好处，用来回应消费者的信任。对消费者来说，自身获得了实惠，而对商家来说，在生产之前提前得到一笔资金，也能缓解商家的生产压力。

在延迟消费的行为中，这种延迟收获的方式相对来说是利远大于弊的。如果说存在弊端，那么就是消费者要谨防商家的欺骗行为。如前面所说的金融理财机构，很可能在消费者的合约时间到来之前就卷钱逃走，被消费者支付了定金的商家，也有可能会忽然消失。作为消费者，需要时刻擦亮眼睛，看清楚对方究竟是正常的商家，还是投机的骗子。

我们还可以将商家的延迟生产行为以及消费者的延迟消费行为延伸到生活中。

比如，当我们要开始一项计划时，往往习惯于在着手去做之前便将一切都计划妥当，但实际上，现实往往不如人意，一开始计划好的东西，在具体实施过程中会出现各种问题。这时候，就可以应用到延迟策略，也就是在计划中的某些环节上采取延迟计划的方式。

但就如同商家生产产品那样，尽管有些环节会被推后延迟，但该有的准备必须要足够充分。虽然有的厂商会在订单下达后再开始生产产品，但在那之前厂商已经完全熟练整个生产过程，延迟的只是一个真正着手的过程。

生活中也是如此，尽管有些具体细节必须在临近时才能决定，但细节之外的其他准备仍需足够充足。也只有准备得足够充足，才能在需要对细节做出决定时迅速给出反应。

在类消费行为上也是同理。许多时候，我们的消费行为可能未必是金钱行为，只要我们是为了得到某种东西而付出了某种代价，就都可以算作是消费。比如为了得到完整的家庭而付出更好的工作机会，比如为了在工作上有所突破而付出自身的健康，这些都是另一种意义上的消费。

不论是广义的消费，还是狭义的金钱上的消费，判断一个消费过程或者一种消费方式是否值得，最简单的方式仍然是去衡量机会成本或者边际成本。只要在机会成本与利益之间做出正确的判断，就能在最后做出一个不会令自己后悔的选择。

第六章

集体无意识与个人决策

无序中得出规律的过度自信

行为经济学认为，人们总是容易过度自信，尤其对于已有知识的准确度。也就是说，人们总会认为自己的看法才是正确的。

当然，并不是所有人在任何时候都会始终保持自信，过度自信的人往往都是对该领域涉足不深，或者尚未掌握到其规律的人。

研究人员发现，当人们遇到那些困难的问题时，就容易表现出过度自信，对于那些十分简单清晰的问题，却更倾向于持有怀疑态度。其原因也在于，越是无法掌控的东西，人们便越容易盲目乐观。

在与经济学相关的领域内，过度自信主要表现在以下几个方面：

1. 对无法掌握其规律的事件做出盲目判断

事实上，许多事情是没有规律可言的，有一定规律的事情，其规律并没有许多人所认为的那样简单。

在这里，我们讲两则关于小孩子在学习中的笑话。其中一则，是说一个小孩子在刚刚学习乘法时，认为自己发现了一个做乘法运算的规律，那就是两个数字相乘的结果，等于它们相加的结果！这是因为他学习到2乘以2等于4的时候记得2加2也等于4，通过这个样本，他判断出乘法与加法的结果是相同的。另外一则，是讲一个小孩子在学习写汉字时，他学到了一二三这三个汉字的书写，便认为汉字的书写规律就是横线的罗列，当别人问他那么万字怎么写，他就在纸上一横一横写下来，打算写满一万横。

这两个看似荒诞的笑话隐喻出的都是人们在学习新鲜事物时要保持谦虚谨慎的道理，不要才掌握一点皮毛就以为自己掌握了全貌。然而，当人们嘲笑小孩子的幼稚时，却没意识到自己也时常犯下类似的错误。

人们之所以会盲目判断，一叶障目，从心理学上的角度来说，就是人们讨厌自己无法驾驭的东西。对于这部分内容，人们会盲目觉得，只要掌握了其中某一个点，就完全可以驾驭整个事物。

因此，我们会发现，在股市上，越是不懂市场经济运转规律的人，越是喜欢向人展示自己掌握了某只股票的涨跌规律，越是容易对自己投入的股票有着盲目的信心。

如果陷入这种盲目判断的状态，就需要尽快冷静下来，仔细思考自己是否已经掌握了事情的规律，究竟是真的分析清楚，还是在做出盲目的判断。

2. 对自身能力认识不清

心理学上有一个专有名词，叫“达克效应”，指的是能力欠缺的人往往更容易高估自身的能力水平。该效应与过度自信心理有着类似的理论，其表现是一致的，只不过前提条件略有区别。

“达克效应”指的是能力欠缺又思考力不强，但会出现过度自信心理的人，也有可能是很有思考力或者在某些方面十分有能力的人。他们在面对那些自己不熟悉的领域，或者本身就很难掌握规律的领域时就容易对自己盲目自信。

这种效应在生活中比比皆是，比如在股市上，一个人如果在短时期内赚到了一笔财富，那么他便轻易认为自己具有在股市上赚钱的能力。实际上，股市上之所以时常有人被套牢，就是因为许多人在初期尝到了甜头，之后，就对自己的能力认识产生了误区，便在股案市场接连投入，然而在遇到自己无法应对的动荡后，就被牢牢套在了股市中。

其实，任何一个领域，越是新人，便越容易对事情的发展估计不足。很多刚入职的新人往往更容易对上司产生怀疑，认为自己的工作得不到看重是源自公司方面的打压。就好比刚刚参加某种竞技的运动员，也更容易轻视对手，对对手能力做出错误的判断。这种现象的原因在于，刚刚进入这个领域的新人，他们看不到整个领域的全貌，因此当他们只看到眼前事物时，便会在潜意识中夸大自身的掌控力。

如果要避开因初出茅庐而犯下错误的情况，就要当自己处于初出茅庐的状态时，做到深思熟虑，尽量跳出当前的局，用第三者的目光去观察，去判断。

古人们用夜郎自大来比喻过度自信的人，夜郎自大的原因，正是因为夜郎未曾见过外面世界的全貌。只有将眼光放高放远，才能对自身做出正确的判断。

3. 事后诸葛

事后诸葛是指一部分人当某件事发生时，他们的心里总会有个声音说“我早就猜到会这样了”。

为什么会出现这种想法？

这是因为人们总是容易被眼前的现象所迷惑，而忽略了其他认知。那些事后诸葛的人，之所以不在事情发生前，震声提醒大家。实际上是因为在事情发生前，他们并不是只出现过这一种判断，他们会同时出现很多种判断，每一种判断的可能性所差无几，他们根本没办法确定，究竟哪一个判断才是正确的，因此也就更不可能对这个判断充满百分百的笃定，再去提醒其他人。

但是，当事情发生之后，其结果完全验证了他们的某一个想法时，他们才开始懊悔，告诉大家他早就料到了。

在事情真正得到结果之前，所有的可能都处于无序状态，而当事情确切发生后，状态被稳定下来，指向了一个确切的答案。在事后诸葛的人的头脑中，也同样经历了这么一个从无序到确定的过程，当事情得以了结，他便会无限放大自己事先对这个结果的判断。

会出现这样的前后偏差，是因为人们无法接受在事情发生前的无序状态，他们更容易认为自己在事情发生之前，就已经做出了确切的判断，尽管这只是一种错觉，但这种错觉却能够经过自己本身的大脑修正后，变成一种事实。这个修正过程只是一种潜意识中的头脑运转。毋庸置疑，人们是会根据情况修改自身的记忆，他们会抛弃掉或者修改掉那些不成熟的部分，将其更正。这样一来，哪怕只是事情发生前偶然出现在头脑中的想法，只要这个想法真的被实现了，人们就会自动修正为，那个想法就是其最初的判断。

因此我们说，过度自信一方面表现在对自己已知领域的盲目判断和盲目自信，另一方面也表现在经过未知领域后，对之前判断的盲目自信。

当出现事后诸葛的心理，人们也就更难以用公正的目光审视自己。他们会认为，自己之所以犯下错误，并不是因为自己对这个领域的认知不足，而是因为自己没有坚持一开始的观点。只要下一次能够坚持观点，那么必定就能获得成功。于是到了下一次，他们会再次因盲目自信而做出错误判断。

所以下一次，当自身出现事后诸葛的心理时，就应当迅速警觉起来，冷静告诉自己，因为从一开始自身的认知不足所造成的。

如果每个人都能意识到自己对股市的认知不足，那么被套牢的投资者也就不会那么多了。

4. 对小概率幸运事件的盲目自信

还有一种自信，是对自身幸运的过度自信。

我们都知道买彩票的中奖概率极低，但每天仍然有许多人按时奔赴彩票站，这是因为他们盲目认为幸运有可能会降落到自己的头上。

人们都认为这世界上分配给每一个人的机会都是公平的，认为每一个人即便社会地位不同、能力不同、掌握的财富不同，但是面对上天赐予的机会，却都是相同的。

我们继续以彩票为例，事实上彩票的中奖概率是千万分之一，对于这世界上的绝大多数人而言，这个概率都是约等于零。

可即便如此，人们还是会对中大奖抱有希望。

其实只要仔细想想就能明白，千万分之一的中奖概率，可以说是惊天般的幸运了，有趣的是，人们会盲目认为自己可以中500万元大奖，却很少有人认为自己能够获得比现在高三倍的收入，明明后者被实现的概率要比前者大得多。或许因为，在“不劳而获”这件事上，人们更渴望能够实现“人人平等”毕竟中奖的人也没有付出什么就得此大奖，那么自己同样也有这个资格。而在那些需要付出辛劳才能得到的东西上，由于因果过程太理所当然，人们反而没有去寻求的动力。因此，这就是为什么有的人宁愿每天勤劳地跑彩票站，也不愿意为自己的工作再多出一份力气。

这种过度自信是一种颇为可笑的错觉。因为不论如何，在小概率事件上，大多数人都是作为分母的概率远远高于成为分子的概率，放弃对小概率事件的盲目欲求，只要接受自己的确在被公平对待就足够了。

为什么过度自信的人得到的结果往往适得其反？

因为过度自信的人总是过高估计了事情的结果，并且无法正确看待整个事情的全貌。不论是投资也好，买彩票也好，他们都带有一种毫无根据的自信。

自信的基础应当是知识的储备量，并与其呈现正相关，但事实并非如此，储备量越高的人，反而会瞻前顾后考虑很多。缺乏知识的储备，于是对结果过度自信，也就不再去努力丰富自身的知识储备，认为目前的自己已经足够胜任随后的安排，结果就是在真正的操作上一再做出错误决策。到最后，就只能以失败告终。

要避免再次进入这个恶性循环，只要避免这种过度自信的心态，相信知己知彼，才能百战百胜，相信战场上不可轻敌，记得无论掌握多少知识都远远不够。

当然，过度自信并不能完全算作弱点。从另一个角度来看，一个过度自信的人，往往是个十分乐观的人。过度自信的人是很难陷入自我怀疑之中的，因为在事情开始之前，他们会相信自己能够做好，而当事情失败了，他们也只会归结于因为命运的作弄。

只不过，为了避免过度自信带来的失败后果，具有这种心态的人，应该在保留对结果的盲目乐观的前提下，再努力增加处理这个事件本身的知识储备，提高自身处理事件的能力。

有时候，盲目乐观可能是人们能够走到最后的最大支撑。许多平凡的人最后能够实现伟大的成就，都是来自最初的盲目乐观。

有的人哪怕身陷囹圄，也还是保持着乐观的心态，并不是因为他看到了自己的出路在哪里，而是因为他始终相信自己能够走出绝境。

因此我们说，过度自信尽管会带给人们许多困扰，但它仍然是人性中的一种有助生存的本能。有时候，当人们看不到任何方向时，也只能依靠这种自信摸索前行。人类至今的许多道路，也就是由这样一批又一批拥有过度自信精神的人开拓出来的。

所以，即便存在着过度自信的心态，也没必要刻意将这种心态作出修正。只要保留这份乐观的心态，同时运用理智的头脑多了解多分析，避开冲动行事，牢记三思而后行，那么过度自信不但不会成为阻碍，反而会成为一个有力的武器。

回避错误决策与遗憾

人的情绪分为许多种，有正面的也有负面的情绪，这二者之间是相辅相成的，正面情绪可能会为人带来负面影响，负面情绪也有可能会给人带来积极方面的助力，重点在于，我们是否能够成为这些情绪的主人，而不是被这些情绪所奴役。或许正是为了能够驾驭人们的种种情绪，心理学家才会花上很多时间与精力去研究人们每一种情绪的本质。

最早研究后悔这一情绪的，实际上是在哲学领域，而后，这个研究才被渐渐发展到了经济学、心理学等各种学科领域之中。由于行为经济学的研究领域便是心理对人们在经济行为中的影响，因此在探讨人们的经济行为时，除了探讨那些引起人们做出非理性决策的各种心理效应之外，也会探讨在做出决策之后出现的心理效应，后悔理论便是其中之一。

后悔这一心理，是一种“反事实思维”，也就是当事实发生后，心中会出现“如果当初……就会/就不会……”这种思维状态。会出现这种思维状态，最直接的原因，便是现实中发生的事实，并没有令人感到满意，因此在得到结果后，人们会更倾向于希望发生的是另外一种状况。

可以说，这个心理状态在股票市场上最容易出现。因为加入股票市场本身就是一种投资行为，而在所有投资行为中，投资股票又是风险最大，变数最大的。在这种市场内，人们很容易就会看到与自己的预期并不相符的结果，这时候，后悔思维便浮现出来。

我们平时说起“后悔”，往往指的是对做错某件事的懊悔心情，而在心理学中，研究者对这一心态有着更加深入的解释。心理学认为，后悔情绪之所以会出现，是源自人们的反事实思维。人们很容易对某个事件假设出结果，这个假设可能出现在事件发生之前，也有可能出现在之后，而当真实结果出现，只要其与假设结果不符合，人们就会感到痛苦。

在心理学上，后悔的明确定义，是个体在主、客观因素的影响下，对过去采取或者未采取某一行为而导致的消极结果，产生自责懊恼等心理的一种情绪状态。并且根据研究表明，人们已经采取行为而引起的后悔，比未采取行为而引起的后悔更加强烈。

也正是因为对作为引起的后悔远大于不作为引起的后悔，因此，为了避免让自己产生更大的悔恨，许多人会下意识地选择不作为，也就是通常我们所说的逃避心态。

但是，在经济学家的研究结果中，还有一个有趣的现象，那就是随着时间的延长，作为的后悔与不作为的后悔程度都会渐渐减弱，但是不作为的后悔比作为的后悔的减弱速度要缓慢很多，也就是说，当时间延长到一定程度，不作为的后悔会超过作为的后悔。

通俗地说，作为的后悔是短痛，不作为的后悔却是长痛，尽管对当时而言，短痛要高于长痛的痛觉，但长痛却会长久维持，到最后，能在人的心中留下长久疼痛的，仍然是当初的不作为。

这就好比在投资中，投资有可能会失败，而不投资就绝对不可能成功。投资失败固然会令人后悔，但也能令人从失败中提取教训，从而振作起来，可对于看到优秀的投资项目却没有采取动作的人来说，在看到该投资项目大获成功时，那样的后悔心情却会长久持续。

在现实的决策案例中，不作为的情况却比作为的情况要多得多。那是因为尽管长痛会给人们带来更大的伤害，可大部分人还是很难做出短痛的决策。结合行为经济学中的心理效应，可以发现，人们往往无法当机立断，无法轻易放弃沉没成本，更无法接受令自己遭遇更大损失的风险。

实际上，人的心理机制，通常都围绕着一点，那就是保持现状。大部分人并不是缺乏冒险精神，他们只是无法承受动荡带来的代价。

我们时常会看到一种言论，当某人投资某个项目成功的时候，有许多人会站出来说，这个投资他们当初也看中过，只不过那时候没有采取行动，如果采取行动了，现在意气风发的那个人就会是自己。他们究竟是在吹牛，还是在陈述事实呢？尽管人们都倾向于认为他们不过是在“事后诸葛”，是在吹嘘自己，但事实上，会做出这类言论的人，通常的确有过类似的心理活动。

那么为什么，他们并没有获得成功呢？很简单，因为别人将这个想法变成了现实，而对他们来说，那却仅仅停留为一个想法。如果，他们能够预见到未来，知道这一想法一旦实现，就能获得巨大成功，那他们也会迅速将其进行实践，但事实并非如此。

这就是问题的关键所在，很多人之所以产生了想法却没有为之实践，原因只在于他们并不知道这个想法是否能成功。并且不能承受失败带来的代价。

时间和精力还不是最关键的，最关键的在于，当他们开始为这一想法付诸实践时，他们是带着期冀的，这种期冀是能支持他们进行实践的最大动力。如果失败，这份期冀便会遭到灭顶的打击，这种打击对很多人来说，都是无法承受的。

许多人愿意付出时间和精力去做那些并没有太多意义的事情，却不愿意付出同样的时间和精力去进行一项挑战，就是因为，前者并不需要抱有多大的希望，后者却负载着许多希望。希望破灭对一个承受力并不强的人来说，是很可怕的灾难。

这就是为什么，多数人产生了某个想法，却不付诸行动。当然，当他们看到其他人实现了这一想法并获得成功后，也会感到后悔，后悔自己错过了这个成功的机会，不过这种后悔值小于因失败而希望破灭带来的伤害。随着时间的渐渐推移，他们心中的遗憾会长久持续下来，他们原本可以获得巨大的成功，却因为一时懒惰而错过了机会。

只是，即便过去许多年，他们仍然会将错误的源头归为自己的懒惰，而没有意识到，根本原因并不是懒惰，而是胆怯。他们意识不到后者的心理状态，因为它只发生在潜意识中，但后者才是他们不作为的真相。要避开长久的长痛，而建立更大的勇气去承受短痛，这其实并不是个容易的过程，就好像人们很难做出放弃沉没成本的决策，很难舍弃自己已经拥有的东西。

如果要避开长久的后悔心态，就要避免不作为的心态，也就是通常所说的鸵鸟心态，只有将头从沙子中抬起来，才能真正做出对自己更正确的决策。然而将想法付诸行动并不意味着一定会成功，也有可能失败，但这会为下一次积累经验。这里必须要明确的一点是，并不是作为的情况一定会比不作为的情况更好，但是只有不断地作为，才有成功的可能。

前面论述的是为了避免长久的后悔，人们应该选择不断地作为，而非不作为。但结合实际情况，即便作为，也应当是理性思考后的作为，而不是莽撞的作为。

因此我们说，即便在作为与不作为之间进行选择，也要根据事实条件来判断。当选择作为时，要去选择通过理性分析和理智判断之后的作为。所以，要避免增大自身的后悔程度，还要提高决策本身的合理性。

让决策本身变得更加合理，就需要让自己以更理性的状态作出选择。许多错误的决策都来自人们的非理性行为。我们常说三思而后行，就是因为在非理性的状态下，人们更容易做出错误的决策，而错误的决策最容易令人产生后悔情绪。

后悔会给人的心理状态带来伤害，有些伤害甚至能够反馈到生理上引发病变。有些人因为后悔而产生 PTSD（创伤后应激障碍），从此对令其后悔的事件所在的领域产生极大的排斥，有些人甚至因此导致抑郁，从此一蹶不振，这些都是后悔情绪对人的负面影响。尽管后悔情绪能够令人痛苦，但人们仍然应当学会直面这种情绪，并从中进行反思。

对个人来说如此，对一个社会来说也是如此。一个不懂得进行反思的公司必将迎来失败，一个不会进行反思的社会更是岌岌可危。

只有接纳了后悔，直面了后悔给人带来的疼痛，才能在下一次让自己做出更接近成功的决策。

诚然，正确的决策也有遇到失败的可能性，但正确的决策带来成功的概率远远高于失败的概率。所以，不但要作为，还要不断地作为，在做出了理性的指导和全面分析之后，一次次根据经验去调整和分析，持续作为。只有这样，才是将后悔程度降到最低，提高成功的概率。

羊群行为：金融市场里的集体无意识

羊群行为指的是牛羊等生物通常喜欢成群移动和觅食的行为。这种行为在许多社会性生物身上都有所体现，人类也是社会性生物，因此这种现象也存在于人类的社会行为中。

人类的羊群行为反映在众多领域中，政治、经济、舆论、艺术等都有所体现。尽管当今时代人们总是会不断强调自由意志，但仍然会不自觉地受到羊群效应的影响，做出一些与自身意志不符合甚至相反的判断和行为。

当所有羊都在往一个方向移动时，往其他方向移动的羊就会产生自我怀疑，会产生一种自己被抛弃的感受。人类也是如此，当所有人都发出同一种声音，做出同一种行为时，作为个体，很难不去顺从这种声音或行为。

在金融市场中，如果大多数人都选择同一种决策方式，那么某个个体，尽管其掌握着更有价值的信息，尽管其通过理性做出了更正确的判断，在真正进行决策时，仍然可能有着从众心理。而这种决策就如同滚雪球一般，参与决策的人越多，其他决策者的自我怀疑程度也会越深，当自我怀疑到达一定程度后，他们最终就会放弃自己，加入其中。

对于整个市场，羊群行为呈现出的状态，就是大量投资者都选择了相同的投资策略，而这个策略很可能并非正确。

有人在美国的大学生群体中做过这样一个实验：在被测试者

进入一个班级之前，实验人员向这个班级传达了接下来的实验内容，班级同学被要求在接下来回答某个问题时，给出一个相同的错误答案。随后，让被测试者进入这个班级，接着向同学们提出那个问题，同学们都给出了错误的答案，这个时候，再要求被测试者回答问题。

结果就是，有1/3的被试者，都回答了与同学们相同的错误答案。而这个问题在单独提问时，是几乎不可能被答错的。也就是说，被试者并不是不知道正确的答案是什么，但当所有同学都给出了错误答案，一部分被测试者便产生了动摇，从而无法坚持自我判断。这个结论告诉我们，群体的行为未必就是正确的，真理未必掌握在大多数人的手中。

在金融市场上，这种盲目跟风的行为十分普遍。我们经常看到，当股票市场看涨时，会有很多人开始投入其中，这些人可能完全不懂市场规则，甚至完全不懂股票，仅仅因为身边的人都加入了炒股，自己也就投入其中。同样，当市场上开始风靡某种产品时，也会有越来越多的商家投入这个产品项目，从而引起一阵投资风潮。而到最后，当风潮褪去，很多人会发现他们并没有从中获利。

这种盲从现象很容易就被某些操纵者利用。在股市上，只要一部分具有雄厚资金实力的人有所行动，就能造成一个短时间的繁荣现象，这个繁荣现象引得更多的人加入股市，便会在股市中营造出一个虚假繁荣的现象。而这个时候，一个雪球已经形成，它可以引起更多的人开始跟风，滚成越来越大的雪球。当雪球滚到一定程度时，最开始的那部分人便开始收网，跟风的那群人并没有那么敏捷的反应能力，结果就是被套牢。

因此我们说，股市是可以被操纵的，只要操纵者具备足够雄厚的经济实力，这也是为什么证监会必须随时监控股市的动荡，以避免市场的有心者受到操纵。

不过，羊群效应最有趣的一点，就在于有时候操纵者也做不到独善其身。最初的煽动者本身如果没有一定的意志力，他也可能会产生羊群效应的心理错觉，也加入到滚雪球的队伍当中去。而当操纵者也被卷入羊群当中，就更难以分辨这个错误的群体行为的源头所在，人们只知道，这个错误正在进行，谁都无法保持清醒，直到有人出现损失，错误才会一点点被更正。

社会心理学家研究证明，能够影响到大众对一个事件所持有观点的，往往并不是某个观点本身的逻辑性，而是持有某观点的人数。持某个观点的人数越多，大众就更容易认同这一观点，反之亦然。

对于以社会为基础的人类来说，这种从众心理出自原始的生存本能。因为对人类来说，越是落单，便越容易让自己落入危险的境遇下，只有与群体保持一致行动，才能提高生存的概率。现代社会中，由于城市的建立和社会的保障机构，个体很少会发生因落单而遭到淘汰的情况，但原始的本能却被保留了下来，即便一个人完全有能力靠自己的力量在城市中生存，他也还是会轻易屈从于群体的思维引导之下。

最容易引导群体思维的便是媒体。这也是为什么当少部分人打算带领某个潮流时，会选择率先运用媒体势力。媒体是能将一个观点流传得速度最快也是范围最广的渠道，而当许多媒体同时传达某一个观点时，如果大众没有获得其他观点的渠道，那么就会轻易接受媒体传达的观点。所以，商家会投入大量成本在媒体广告上，当一个产品被大肆宣传，那么除了会提高该产品在大众中间的认知度，也会提高大众对该产品的信任程度。

许多商家会采取在群众中植入意见领袖的战略手段。这种方式在现今的网络环境中效果卓绝，因为网络上，没有人可以具体去考证某一个网友的真正身份，但是当一部分网友开始去推崇某商家时，许多人也就会跟风去推崇这一商家，并将雪球越滚越大。

水军便是在这种战略下产生的。人们发现实际上舆论是非常容易被控制的，即便在网络这种每个人都可以表达观点的环境下，舆论反而成为更容易引导大众的东西。只要引导舆论方愿意花钱去雇用足够数量的人同时表达某一个观点，那这个观点便会很快成为网络上的主流观点，这时候，即便有零星不和谐的声音，也会显得十分微弱。

有趣的是，许多被舆论引导的人，他们并不会意识到自己已经被舆论引导，他们始终认为自己的思维是出自独立意志，自己表达的观点都是发自内心，没有想过他们的内心已经受到了外界的入侵。

正因为群体意识的影响力太过强大，所以当一个足够大的群体开始集体支持某个观点时，作为个体便很容易将这个观点视作真理。个体或许认为自己是意识清醒的，但实际上却是模糊的，而整个群体的意识，也处于这样模糊的状态。当所有人都失去理智时，这个群体也就丧失了理性行为能力。

前面说过，人们跟随群体的行为是来自原始的生存本能，现代社会人们已经不需要跟随群体去保障自己的生存，但在股市中，人们却又重新回到了原始的懵懂状态，在那样的环境下，也只有靠跟风，才能提高自身的生存概率。

不过，即便是在羊群效应反而能提高生存概率的股市，人们仍然有通过保留理性而提高自身存活能力的机会。聪明的羊会知道什么时候该跟风，什么时候该保存自我判断。

当大家都集中购买某只股票时，其实并不应该盲从，因为这个时候很可能是有某种势力在进行操作，当个体已经意识到许多人都在购买这只股票时，这只股票的价格已经被炒到很高了，这时候跟风，则很容易被套牢。但是在股市中，备受欢迎的股票仍然是更值得相信的选择，因此理性的做法是，选择一个并不那么热门，但同样很受欢迎的股票。当大家都集中开始卖出某只股票时，仍然不是应当跟风的时机。因为当股市陷入某种低迷状态时，往往正是投资者开始布局的时刻。这个时候跟风卖出，只是受到羊群效应的影响。不过，与其分析群体效应与市场状况是对立还是趋向，不如从投身股市的最初，就先对股市进行有方向的了解，进行理智系统的分析。

在股市中，大众的羊群效应自然也是需要分析的重要现象。羊群效应会对股市产生怎样的影响，当股市出现某种动荡后，羊群效应会做出怎样的反应，这种反应过后股市又会出现怎样的波动。

如果能够将股市、大众的羊群效应、股市背后的经济状况，这三者结合起来，仔细分析相互之间的关系，并总结出一定的规律，并且这些规律可以在接下来的股市中得到验证，那才是一个投资者投身股市的最佳时机。

因此我们可以看出，一个聪明的人，不但可以避开羊群效应的影响，还可以通过掌握群体的羊群行为，来为自己获得利益。

那么，我们如何才能达到不受羊群效应影响的境界呢？

1. 首先最重要的，就是要保持理性

不论是羊群效应也好，还是各种与理性者的行为相悖的经济行为也好，都可以归结为一个词：非理性。虽然并不是所有理性决策都能保证最后获得成功，但许多导致失败的决策，其本身就是非理性的。

保持理性的关键在于要有足够的知识储备以及逻辑性的系统分析，此外还要对人本身的心理弱点有足够的了解。这样才能在自身出现某种心理效应时，及时纠正这个效应为自己带来的影响。

2. 其次是要避免冲动

有些人之所以会加入群体行为，并不是因为他们的知识储备不够，也不是因为他们失去了分析能力，很多时候，只是因为一时冲动。

当然，这种冲动之所以会产生，也是受到了羊群效应的影响。即便作为个体，他依旧很清楚哪种行为才是正确的，但他在看到群体的移动方向时，仍然做出了跟随群体的选择。因为在当时，他的非理性已经战胜了理性，他选择了群体，放弃了理性。

3. 最后就是要相信，羊群行为也有可能是理性的行为

我们知道，人类能够最终从残酷的丛林竞争中存活下来，其中一点便是因为人类能够团结在一起，壮大自身的力量。固然人类容易被错误的群体行为引导，但也有一部分羊群行为，恰恰是人类作为社会生物做出的正确判断。要判断是跟随某个群体行为，还是保留意见，或者拒绝某个群体行为，关键点在于作为个体要保持自身的理智，要懂得分析这个群体行为的根源，懂得分

析该行为本身的逻辑性。

总之，不能失去自我的判断和自我意识，只有不断强调自我意识，才有可能不被羊群行为带入错误的方向，如果自我意识足够强大，理智者更有可能将羊群行为本身变成自身进行判断的依据。

舍弃私利也要追求的公平

在传统经济学中，几乎大部分的理论和模型都建立在“自私自利”的基础上。也就是说，要实现任何一个经济模型，前提就是群体中的每一个人都是自私的。但是，经济学家发现，在现实中，尽管大多数人在大多数时间会选择自私自利的行为，但这种行为却是有限的。于是通过各种实际观察总结出的结论是：人们并不是完全的自私自利。

现实是，人们往往也会关心其他人的利益，关心利益的分配公平与否，甚至有时候，为了能够实现公平，人们反而会放弃一己私利。

在判断经济行为中人们的自利程度时，经济学家做过一系列实验。

第一个实验是通牒博弈。在实验中，参与者被分为两人一组，这两个人将会共同决定如何分配一定数额的金钱。

两人中，一个是提议者，他负责提出分配提案，另一个人是回应者，他可以同意前者的提议，也可以选择拒绝。如果回应者接受了提议者的提案，那么两个人就按照这种提案来分配这部分金钱，如果回应者拒绝了提议者的方案，那么两个人则什么都得不到。

这是一个典型的博弈模型。假设提议者和回应者都是足够理性的，那么作为提议者的一方，他率先考虑的必然是怎样才能既让自己获得最大化利益，又能让回应者同意其做出的提议。

作为回应者的一方，从理性上考虑，不论提议者提出怎样的提议，只要自己能够获得一定的金钱，那么都应当选择接受，因为如果拒绝，自己将会一无所得。无论如何，少总比无要好。

提议者自然也能判断出回应者的心理状态，他很清楚主动权掌握在自己这边，不论怎样的提议，只要不是让回应者一无所得，那么回应者就都应当同意。

基于双方的这种心理考量，在完全自私的前提下，提议者就应当提出给自己的比例很高，而给回应者的比例很低的提案，而回应者也应当会同意这个方案。

但是，当开始进行实验时，结果发现，那些双方分配数额比例很悬殊的提案，大概率都遭到了回应者拒绝，分配数额比例越接近，回应者同意的比率也就越高。这就是说，作为回应者的一方，很多人宁愿选择什么都不得到，也不愿意只分配到很少的一部分。这个结果完全颠覆了经济学家对人们的自私性的认知，因为它证明了人并非完全自私自利，很多时候，为了追求公平，人甚至可以放弃自己的利益。

第二个实验是单方指定博弈。

这个实验与第一个大致相同，唯一的区别在于，这里的回应者并没有拒绝提议者的分配方案的权利。在这个实验中，分配钱财的唯一权利都在提议者的手中。在这个实验中，回应者完全是处于被动状态，这笔钱财的全部命运，都掌握在了提议者的手中。那么，按照人自私的本性，提议者应该将全部钱财分配给自己，回应者应该分不到一分钱。但结果比第一个实验的结果更使人意外，那就是在大多数的实验组中，提议者并没有将全部钱财据为己有，而是选择分给回应者一部分钱财。

在第一个实验中，我们知道，当回应者拥有权力时，他宁可选择两个人都一无所有，也不愿意让提议者获得更多。这一方面是因为回应者更渴望公平，另一方面也是因为回应者不想让提议者在这上面占到更多便宜。这个实验的结果是可以理解的。但在第二个实验中，提议者明明已经具有了绝对的权利，却仍然愿意给回应者分一杯羹，这就十分匪夷所思。

可以说，第二个实验证明了，人们对公平的偏好，并不仅仅来源于嫉妒，这种偏好只是存在于人们对公平本身的追求。

第三个实验，是礼物交换博弈。

仍然是两人一组的实验。在这个实验中，其中一个人是提议者，另一个人也是回应者。不过，这里的规则与前两个略有不同。提议者首先拥有一部分金钱，他可以向回应者提出一个要求，并承诺给予回应者一定数目的金钱。这时候，如果回应者拒绝这份金钱，那么两个人都得不到任何收益，但如果回应者选择接受这份金钱，就要做出相应的努力，努力程度越高，双方在原有金额基础上获得的金额数也就越高。

很明显，这个实验模拟的是现实中的雇佣关系。在现实中，便是雇主向雇员提出要求，通过支付工资的方式让雇员完成一定的工作，从而让双方获得更多的利益。

如果两个人都保持理性的状态，那么回应者就应当只做出其得到金钱对应的最低限度的努力，因为只要付出这些努力，就能得到其应有的金钱了，而提供者也应当只给予回应者尽可能少的金钱。

但实验结果表明，有相当一部分的回应者会选择付出更多的努力来让自己得到更多的金钱，提供者也会根据回应者的努力程度给出相对应的金钱。

这就是说，提供者并没有为了贪图金钱而无限压榨回应者的劳动，而回应者也没有因为提供者掌握了更多的金钱而消极怠工。

这似乎与第一个实验结果相违背了，因为在第一个实验结果中，回应者宁可双方什么都得不到，也要实现两者之间的公平；这个实验结果，却是回应者为了得到更多的金钱，哪怕提供者能够得到比自己还多的金钱，仍然选择努力劳作。

看似矛盾，但实际上，这里的回应者与提议者之间的关系是不同的。在第一个实验中，回应者与提议者是处于平等位置的关系，但在第三个实验中，回应者与提议者之间却是雇佣关系，回应者追求的公平，是付出与回报之间的公平。

第四个实验是信任博弈实验。

在这里，同样是一组有两位实验参与者。两人中，一个是提议者，另一个是回应者。提议者首先得到一笔金钱，他可以将这些金钱的一部分交给回应者，而回应者则将得到同样数额的三倍的金钱。回应者得到钱之后，他可以选择返还给提议者一部分金钱，数额完全由他自己决定，可以返还全部，也可以一分钱都不返还。

这个实验如果放到现实的经济市场中，提议者便是投资者的位置，而回应者则是操作者的位置。如果双方都是自私的，那么作为回应者，他就应当一分钱都不返还给提议者，应当将得到的所有钱都留给自己；而作为提议者，他推己及人，想到回应者可能一分钱都不会给自己，那么他从一开始，就可能一分钱都不给回应者。

但在实验结果中，大部分提议者都会给回应者一部分钱，而大部分回应者也会返还给提议者一部分钱，上面所述的完全不给对方钱的情况很少发生。

这四个实验在现实中都有对应状况，而四个实验结果，都证明了人们在大多数情况下，没有选择令自己获得最高利益的结果。

实验策划者也曾考虑过该结果或许与被测试者有关，因为这四组实验选取的对象都是在校学生，或许在校学生会更容易偏好公平，因此实验者又在社会上寻找了经济领域相关人士进行实验，结果表明，比起学生组的实验，他们的选择比起学生更加追求公平性。

而从上面的实验中也可以看出，这种公平偏好并不仅仅源自利己主义，也就是自己得到的少宁可大家都得不到这种更趋近于自私的行为，这种偏好还体现在了一定程度上的利他行为，也就是哪怕并非必要，也会尽可能让其他人得到一些。

尽管传统经济学和社会学都更容易得出人是利己主义动物的结论，可事实还是告诉我们，大部分人的心中都含有一定程度的利他倾向，这种利他倾向无关于任何情感因素，仅仅是出自对公平的偏好。

但这个利他倾向也并非是无法解释的。因为人类始终是社会性生物，是要依靠社会生存的。一个完全利己的人很难得到社会中其他人的支持，而一个人如果被社会孤立，那么就很难在这个社会上生存下来。

因此，为了整个社会的正常运转，人们通常都会选择在这个社会中实现更多的公平。只有当一个社会可以实现公平，大家才都能感到自己是安全的，如果有人遭到了十分不公平的待遇，那么其他人也会感到不舒服，甚至会感到岌岌可危。

当然，这种公平偏好在双方都是陌生关系的情况下，往往更加明显，而如果双方有其他关系，则会影响这种公平偏好。

比如在前面的实验中，如果实验双方是朋友关系，那么提议者可能会给回应者分更多的金钱；如果是亲人关系，提议者则可能会给回应者比自己还多份额的金钱；而如果两人之间有过任何嫌隙，那么提议者可能就不愿意让回应者获得任何利益。

所以，在实际社会中，尽管每个人都对公平有所偏好，但仍然会因为人们之间的各种关系或者每个人的实际状况而出现各种不公平现象。

在一个公司内，作为上级领导，很容易会偏向与自己私人关系更好的员工，这也是为什么在一个成熟的公司管理机制中，通常会避免领导与员工之间出现过于密切的关系，也会尽量避免任用亲属担任下属。为了实现这样的公平，公司往往会有监管部门，来监管领导与员工之间以及员工与员工之间的关系。

如果一个公司开始任人唯亲，那么也就意味着这个公司开始具有不公平的倾向，这时候负责这一公司的监管部门就应开始发挥作用，如果监管部门不能发挥作用，员工就会对其提出抗议，导致工作上的分心，直到其恢复公平的秩序。

在经济市场上还有一个有趣的现象，如果一个商品最初卖出的价格是 A，过一段时间后，价格却降为了 B，那么以 A 价格购买该商品的消费者们则会感到自己遭遇了不公平待遇，他们会抗议商家的区分对待，甚至要求商家将价格重新提高到 A。

但是商家会对商品降价，原本就是因为该商品之前的价格在市场上已经不具备竞争能力，他们几乎不可能再将商品价格提高回 A，为了安抚那一部分以 A 价格购买了该商品的消费者，商家往往会做出一些补偿措施，比如会给予最先购买该商品的消费者一部分特权。

通常商家在开始贩卖商品之前就已经预料到了这种市场变化，所以，当推出一批产品时，他们总会加上诸如初版、限量版等标签。那么在后续中，要么这个商品会停止生产且不再版，要么即便再版，也会先减少一些初版的特别标签，再降价进行销售。

对于商家而言，最忌讳的便是对消费者的不公平对待。如果某商品只限量发售，但是给所有消费者同样的抢购机会，那么没抢到的消费者只会认为自己运气不好，并不会觉得不公平。但如果某商品只限量发售给某一部分人，那么其他人不但会对该商品失去兴趣，对商家也同样会产生不信任感。

不过，对于这种公平偏好，并非完全绝对。回到前面的实验，在第二个实验中，尽管提议者在回应者完全没有决策权的情况下，仍然会分给回应者一部分金钱，但这部分金钱必定是远远少于提议者留给自己的部分，几乎没有哪个提议者会给予回应者与自己数额相同的金钱。

就是说，人们追求公平，但也存在自私。自私与公平并非非此即彼，经济学家和社会学家认为的自私性在人类身上是普遍存在的。心理学家认为的公平偏好，在人类身上也同样是普遍存在的。如果将公平与自私作为两个极端，那么大部分人都是处于两者之间的位置。有些更无私的人可能会距离公平那边近一些，有些更自私的人可能就会偏向另一端。

反映到实验数据上，在单方指定博弈中，更自私的人，就会给回应者更少的金钱，甚至也可能完全不给；更无私的人，则可能给回应者更多的金钱，甚至还可能会给对方比自己更多的份额。

这里可能要考虑一个问题，就是经济学中的理性人，会做出怎样的选择。如果抛开人类自身心理上的自私与无私等具有个人特色的偏好，单纯从绝对理性的角度来分析，再去进行上述的四个实验，那么结果又会是怎样的呢？

绝对理性的人具备足够的经济常识，也会考虑机会成本，并且会尽可能为自己谋取最大利益。那么在单方指定博弈中，他们很有可能会选择不给回应者任何金钱。

但是在现实中，这种选择并非是短期单次的，如果在现实中去做选择，绝对理性的人会考虑到下一次回应者可能会站立到提议者的位置，这一次选择不给回应者任何金钱，付出的机会成本则是回应者今后再遇到同样状况时，也不会给自己任何金钱，并且今后如果出现要与回应者合作的机会，那回应者也完全有可能会拒绝合作。

也就是说，如果将理性人放在整个群体社会中，那理性人则更有可能做出接近公平的选择。

前面说过，当将实验中的被试者从学生换成经济领域从业者时，所得到的实验结果比学生更接近公平，也验证了越理性的人越容易做出公平选择这一预测。正是因为当他们做出选择时，在被测试者的潜意识中会考虑到一些长远的事情，尽管被测试者本身并不会产生这么复杂的心理活动，但长期的社会生活习惯已经使得他们做出能够促进社会长远发展的选项。

尽管追求公平看起来只是每一个人自身的心理趋向，但对于整个社会来说，只有接近公平的社会才能得到良性的发展。如果一个社会的天平发生了倾斜，那整个气氛必然会开始变得浮躁，社会秩序也容易走向混乱。

之所以公平如此重要，也源自每一个个体的自私心理。每个人都希望自己能够得到更多，而当这些人组成了一个群体，当这个群体足够庞大，最后的博弈结果，则是大家都得到同样的份额。

因此可以说，公平与自私绝非是水火不容的，而是相辅相成的。正因为个体的自利，才导致了群体的公平。从另一方面考虑，当一个人，或者一个群体，出于自私心理，想要为自身获得更多的利益，最好的方式就是先实现对他人的公平。

所以说，公平偏好反而是人们更接近理性的心理活动，也是对社会，对经济的长远发展更有利的心理偏好。

收入差距导致的不平等痛苦

既然人们对公平有着天然的偏好，那么当一个社会出现了不平等现象时，必然也就会引起社会性的痛苦。

但是在市场经济的环境下，收入上的不平等是必然存在的。雇主永远比雇员赚更多的钱、商人永远比打工者更赚钱、高端制造行业永远比劳动密集型行业更赚钱……久而久之，收入高的人会如滚雪球般拥有越来越多的资产，而收入低的人则很难拥有足够多的资产。当差距达到人们无论如何都难以企及的程度时，痛苦也就产生了。

不平等痛苦的最初阶段是焦虑感的出现。

当一个社会出现不平等现象，但还没有达到使人瞠目结舌的地步时，那么最初会出现的，便是轻微的焦虑感。这种焦虑感会静悄悄地出现在社会群体之中，人们说不出这种焦虑感是如何发生的，但它的确出现了。其根本原因，就是收入的不平等。收入不平等首先导致的是物质方面的不平等，在物质享受上，人与人之间开始产生差距。有些人为了弥补这种差距，便开始进行超出自己经济水平的消费，无法弥补的那一部分，便转化为了焦虑。

我们可以举这样一个例子做具体说明，在同一个社会体系下，A 的月薪是 5 万元，他使用的是 1 万元的手机，而 B 的月薪是 8 千元，他也同样使用 1 万元的手机，但是，在 B 看来，他与 A 之间的差距便是不存在的。这是一种逃避型的对公平的盲目追求，但这个现象又十分普遍，尤其在一个经济社会中已经出现了十分明显的贫富差距时，许多收入并不高的人会采取这种方式来让自己产生并没有遭到不公平待遇的错觉。

但是某些部分的物质差异可以通过超出自己水平的消费来平衡，有些却不能。比如一位年收入十几万元的人可能会通过贷款去买一辆几十万元的车，但他无法去购买一栋价值千万的房产，这部分的差异是不论如何都无法补全的，那么他就会产生心理上的落差，从而转变为巨大的生存压力。这部分压力随着时间的延长，则会转化为更多的焦虑。

最初是个人的焦虑，渐渐便转化为家庭的焦虑，并在最终变成社会性的焦虑。当焦虑持续上升，整个社会都会陷入一种不安的状态。这种不安的状态会带来一些危险，它具体会表现为犯罪率和自杀率的上升，届时各种社会问题会随之出现。

当一个社会犯罪率、自杀率开始明显上升，就说明这个社会已经开始不安了。作为这个社会的决策者这时候就需要采取各种措施对民众进行安抚。此时决策者会有选择地隐瞒一些社会上的负面事件，但在网络时代中，很多事情很难真正被隐瞒下来，当这些事件最终暴露，整个社会的不安感就会继续上升。

社会的不安反映到个体身上，便是自尊感的攀升。人们越是缺少什么，便越容易在这方面去寻求什么。当一个社会开始变得不平衡，这种不平衡在人们的心中便容易激起其他的反响，一部分人便开始感到自尊受到了伤害，开始强调自尊的重要性。实际上，这种过分被强调的自尊，正是对社会不安感的心理反馈。这种心态是无法被控制的，因为它并不是自发的，它之所以会出现，是因为整个社会环境已经变得不再健康，在这种不安的环境下，个体们很难做到独善其身。

这种过分强调自尊的表现，一方面在摧残人的精神状态，另一方面又让人变得更加羞愧。有些人选择开始怨天尤人，控诉社会的不公，有些人则选择埋怨自身，在自责中度日，而不论是前者还是后者，获得的痛苦程度都是相同的，只不过，前者可能会将这种痛苦转化为对社会的报复行为，后者则会伤害自己。在一个不平等的社会中，人际关系也将会变得岌岌可危。人与人之间产生的信任度会开始降低，甚至家人之间的情感，也可能变得更加淡漠。与一个公平的社会相比，在一个不平等的社会中，人们更难拥有浪漫关系。也就是说，在一个贫富差距过大的社会中，人们获得爱情的概率被降低了很多。这并非是因为人们失去了寻找爱情的能力，而是因为在一个物质极不平衡的社会下，人们很难在不考虑任何物质层面问题的基础上，单纯追求精神上的恋爱。人们在求偶问题上会变得更加利益化，在选择伴侣时，人们也更容易考虑利益层面的问题。并不是因为人变得势利了，而是因为整个社会环境导致了个体出现这样的趋势。

经济基础决定上层建筑，这句话并不仅仅用来描述整个社会的生产力，也能用来描述社会生产力与生产关系之间的差距。在一个经济基础并不丰富，但绝对公平的社会中，人们仍然能够保留精神世界的纯粹；但在一个经济基础足够富足，但贫富差距也十分明显的社会中，人们的精神世界反而会出现滑坡。

这种精神世界的改变并不仅仅存在于贫穷的一方，对富裕的一方来说，也同样会出现不健康的精神状态。作为富裕的一方，当其被赋予更丰厚的物质和更多的特权，便很容易产生不健康的膨胀，这种膨胀也同样会令其精神世界变得匮乏和浮躁。

社会学者们通过大量历史资料，总结出了在一个不平等社会下，可能出现的一些具体现象。

1. 精神方面药品的大量使用

这说明了这个社会在精神方面患有疾病的人群数量在不断增加。这个人群囊括了各个层次的人，从青少年，到中年，到老年，他们都有可能因为各种原因，患上不同形式的精神疾病，其中最普遍的便是抑郁症。如果一个社会在治疗抑郁症方面的药品的需求量开始迅速上升，就说明这个社会正在往亚健康的方向发展。

2. 居民亚健康的情况不断攀升

亚健康，是指介于疾病与健康之间的一种状态。一个处于亚健康的人，他只是身体上会有点不舒服，这种不舒服并没有达到让人无法工作的程度，但也让人无法感到轻松，结果就是焦虑感继续上升。导致亚健康状态本身的因素便是社会带来的焦虑感，而这个状态又给人带来更多的焦虑感，其结果就是恶性循环。

3. 肥胖

有一种肥胖，叫作压力型肥胖。许多人都有过类似的感受，那就是当工作压力过大时，体重反而容易攀升。造成这个现象的原因有两个：一个原因是当工作压力大时，个人的生活节奏也会被工作打乱，当进入不规律的生活中时，人们更容易摄取超出自身消耗的食物；另一个原因，就是当一个人被压力和焦虑感侵袭时，他更容易从食物上获取安慰。

有人曾经研究过，为什么人在有压力的状态下，总是会去吃东西，其中一个解释是，当一个人嘴里吃着东西时，他便会在潜意识中认为自己是处于一种安全状态，这种安全感有助于帮助他降低焦虑感和压力。这种行为，最后导致的便是肥胖。

4. 教育上的不平等

当一个社会，在经济上产生了不平等时，由此便是教育上的不平等。许多人会认为，在一个不平等社会中，那些富裕家庭的子女能够获得更良好的教育，而贫穷家庭的子女则无法获得优秀的教育资源，从而产生辍学、休学等现象。但实际上，这种不平等并非是以这种方式呈现的，而是富裕家庭中的子女同样有可能辍学，贫穷家庭中的子女同样有可能获得好成绩。

也就是说，尽管在经济不平等的社会中，教育更容易出现不平等，尽管无法解释究竟教育不平等的分布依据是什么，但可以确定的是，在经济不平等的社会下，教育情况也同样是不正常的。

5. 早婚早育

人们时常容易谴责的一个社会现象，便是越贫穷的家庭，越会生更多的孩子，越是贫穷的家庭，越是希望子女能够尽早结婚生子。在许多人看来，这个行为是不可理喻的。因为生养子女对一个家庭来说，会造成更大的压力，所以越是贫穷的家庭，反而越不应该过早生养子女，更不应该生养更多的子女。

但不可忽略的是，这种想法只是一个理智仍存的人才会产生的想法，但是对于贫穷家庭的成员而言，他们未必是保有理智的。而他们由于家庭条件，导致他们本身受教育水平不会很高，这就使得他们更不可能具备理性分析的能力。既缺乏理智，又缺少理性，那便只能跟随人性的本能了。而人性的本能，便是繁衍后代。

对动物来说，当环境变得恶劣，许多动物都会选择积极生育，只有生育更多的后代，才具有在这个环境中存活下来的更大概率。人类也是如此，当生活变得十分艰难，人类便被激活了尽早生养子女的本能。

6. 犯罪率和自杀率的上升

如前面所说，社会的不平等，引起了人们自尊心的攀高，在这种不正当的自尊心的驱使下，有些人会选择暴力犯罪，去伤害那些让他们自尊受到伤害的人，有些人会选择自我了结。

当一个社会上犯罪行为激增时，人们的第一反应总是去谴责犯罪者，但社会学家率先需要考虑的，却不应该是分析某个具体犯罪者的犯罪原因，而是应该分析犯罪率的上升与社会经济状况之间的联系。

在行为经济学中，我们了解了许多心理效应，这些效应都可以通过提高自身知识储备、提高自身理性分析能力去克服，唯独社会不平等带来的一系列问题，是依靠个体的力量无法扭转的。这也是为什么，人们会拥有偏好公平的原始本能。当一个社会变得不公平，那就会走向危险。一个人无论多么克己自律，他仍然没有去改变社会现状的能力，无法通过一己之力，让社会回归公平。

然而，社会自身是具备调节能力的。当一个社会变得过于不安，并达到一定程度时，这个社会就会出现另外的力量作出调整，这个力量可能是来自内部，也可能是外部，总之，社会最后总会回到平稳的状态。

作为个体，虽然并没有扭转大局的能力，但仍然可以做到独善其身，当整个环境都处于不安的情况下时，仍然保持理智的状态，并在这种状态下，等待环境好转的那一天。